Tierstudien 11/2017

Mimesis – Mimikry – Mimese

Tierstudien

11/2017

Mimesis – Mimikry – Mimese

Herausgegeben von
Jessica Ullrich und Antonia Ulrich

Neofelis Verlag

Tierstudien
11/2017: Mimesis – Mimikry – Mimese
Hrsg. v. Jessica Ullrich / Antonia Ulrich

Bibliografische Information der Deutschen Nationalbibliothek
Die Deutsche Nationalbibliothek verzeichnet diese Publikation in der Deutschen Nationalbibliografie; detaillierte bibliografische Daten sind im Internet über http://dnb.d-nb.de abrufbar.

Umschlaggestaltung: Marija Skara
Lektorat & Satz: Neofelis Verlag (mn/ae)
Druck: PRESSEL Digitaler Produktionsdruck, Remshalden
Gedruckt auf FSC-zertifiziertem Papier.
ISSN: 2193-8504
ISBN (Print): 978-3-95808-129-1
ISBN (PDF): 978-3-95808-180-2

Erscheinungsweise: zweimal jährlich
Jahresabonnement 20 €, Einzelheft 12 €
Erhältlich in Ihrer Buchhandlung oder direkt beim Neofelis Verlag unter:
vertrieb@neofelis-verlag.de

Ein Abonnement verlängert sich automatisch um ein Jahr, wenn die Kündigung nicht mindestens drei Monate vor Ende des Kalenderjahrs erfolgt ist.

Inhalt

Editorial

> Es begann die alte Jägersatzung zwischen uns zu herrschen: je mehr ich selbst in allen Fibern mich dem Tier anschmiegte, je falterhafter ich im Innern wurde, desto mehr nahm dieser Schmetterling in Tun und Lassen die Farbe menschlicher Entschließung an, und endlich war es, als ob sein Fang der Preis sei, um den einzig ich meines Menschendaseins wieder habhaft werden könne.[1]

Tierliche und menschliche Geschichten der Mimesis, Mimikry und Mimese sind geistes- und kulturhistorisch in vielfältiger Weise miteinander verwoben und verfangen sich ineinander. Zum Beispiel kann sich im Hinblick auf die nachahmende Darstellung der Natur in der Kunst Mimesis auf die – naturalistische oder nicht-naturalistische – Repräsentation von Tieren in verschiedenen Medien und Gattungen beziehen. Und tierliche wie menschliche Mimesis sind konzeptionell, materiell, motivisch, stilistisch, metaphorisch, rhetorisch, performativ oder partizipativ miteinander verknüpft. So spielen etwa in Mimesistheorien Tiere als Abgrenzungsfiguren Rollen, Menschen imitieren Tiere und umgekehrt, Künstler_innen stellen Tiere motivisch dar oder verwenden stilistische bzw. rhetorische Mittel, um Tiere – z. B. lautmalerisch – zu repräsentieren, oder setzen Tiermetaphern wie ‚äffen' oder ‚to parrot' ein, um Arten der Nachahmung zu kennzeichnen.

Tierliches Verhalten gilt dabei in einem Strang der Mimesisforschung als Vorbild oder biogenetischer Ursprung menschlicher Kulturproduktion. Beispiele dafür sind seit der Antike Gesang oder Nestbau von Vögeln als Vorbild für die Musik bzw. für die Architektur oder Spinnennetze für das Weben. Eine andere Forschungstradition grenzt eine spezifisch menschliche, kulturelle Mimesis klar ab von einer – der Zoologie zugeordneten – tierlichen, natürlichen Mimikry oder Mimese, welche mittels Tarnung Schutz- bzw. Verteidigungszwecken dienen und daher funktional im evolutionsgeschichtlichen Zusammenhang sind.

Diese beiden entgegengesetzten Zuschreibungen durchziehen auch die spezifisch menschliche Geschichte der Mimesis, da eine Hauptkonfliktlinie innerhalb der Mimesisdiskussion das Gewicht des

1 Walter Benjamin: Schmetterlingsjagd. In: Ders.: *Berliner Kindheit um neunzehnhundert.* Fassung letzter Hand und Fragmente aus früheren Fassungen, mit einem Nachwort von Theodor W. Adorno. Frankfurt am Main: Suhrkamp 1987, S. 20–22, hier S. 20–21.

Eigenanteils der Nachahmenden bezogen auf das Nachgeahmte ist. Ein geringer Eigenanteil ist assoziiert mit automatischer, instinktiver, bewusstloser Imitation, die an tierliche Mimikry oder Mimese gekoppelt wird, während ein großer Eigenanteil Bewusstsein, Kontrolle und kreative Freiheitsspielräume beim Nachahmen voraussetzt und eher Menschen zugesprochen wird. Anders gesagt: Die Nähe oder Distanz zum bzw. vom Nachgeahmten entscheidet über die Bewertung einer mimetischen Praxis. Am einen Ende des Spektrums ist die Adaption dem Adaptierten maximal ähnlich, heteronom und abhängig von der Vorlage, am anderen Ende des Spektrums löst sich die Nachahmung eigenständig und autonom von ihr und berührt sie nur noch in wenigen Punkten. Dabei kann diejenige Nachahmung, die wie die Natur, in Analogie zur Natur tätig ist, Ausdruck größter Freiheit sein. Gegenwärtig versucht die synthetische Biologie, sogar die Entstehung und Veränderung von Leben mimetisch zu erschaffen.

Diese Konflikte und Vermittlungen bezogen auf Freiheitsspielräume kultureller Nachahmung, welche die Geschichte eines Schlüsselbegriffs der Ästhetik prägen, sind auch motiviert durch Verdrängungen tierlicher Bedingtheiten menschlicher Mimesis.

Das vorliegende Heft untersucht, wie Tiere in das Feld, das durch die Begriffe Mimesis, Mimikry und Mimese markiert wird, eingeschrieben sind. Im ersten Themenblock widmen sich Christoph Wulf, Roberto Marchesini und André Krebber der Mimesis-Grundlagenforschung. Wulf vergleicht mit einem anthropologischen Ansatz das mimetische Lernen von menschlichen und nicht-menschlichen Tieren, Marchesini legt eine alternative philosophische Mimesistheorie vor, bei der die Agency der Tiere im Fokus steht,[2] und Krebber kommentiert Theodor Adornos klassische Mimesiskonzeption im Hinblick auf Tiere.

Der zweite Block versammelt kunsthistorische und kulturwissenschaftliche Betrachtungen der Repräsentation von Fliegen und Spinnen. Miriam Hoffmann, Susanne Schwertfeger und Linda Keck befragen dabei das europäische Stillleben bzw. die Trompe-l'oeil-Malerei auf ihr mimetisches Potential hin und Verena Kuni untersucht die mimetischen Projektionen der Spinne in der Kulturgeschichte und Medientheorie.

2 Unser besonderer Dank gilt Frederike Middelhoff für ihre kluge und sorgsame Übersetzung des Texts von Roberto Marchesini aus dem Englischen.

Der dritte Block zeigt die Breite des Themenspektrums auf. Gabriele Brandstetter befasst sich mit performativem Tier-Werden in modernen und zeitgenössischen Tänzen,[3] während Franziska Winter die mimetische Qualität von Dioramen in Naturkundemuseen sowie deren fotografische Fixierung reflektiert. Bernd Hüppauf schließlich weist mit seinem Beitrag zu Tieren im Anthropozän bereits auf das Thema der übernächsten Ausgabe von *Tierstudien* hinaus, die der Ökologie gewidmet sein wird.

Die beiden künstlerischen Beiträge stellen jeweils fotografische Auseinandersetzungen mit der Komplexität der Repräsentation von Tieren dar. Während Olivier Richon auf tradierte Mimesiskonzepte der Malerei rekurriert, setzt Nicky Coutts sich vor allem mit dem biologischen Phänomen der Mimikry auseinander. Vielleicht ist dies auch eine Reflexion auf ein Benjamin'sches ‚Falter-Werden' des Menschen ebenso wie auf ein ‚Mensch-Werden' des Schmetterlings in einem gegenseitig sich teils angleichenden und doch differierenden mimetischen Austausch.

Jessica Ullrich / Antonia Ulrich

3 Der Text von Gabriele Brandstetter beruht auf einem Vortrag bei dem von Maximilian Haas und Martin Nachbar konzipierten Symposium „Animal Dances. Menschen. Tiere. Relationen" (Sophiensæle Berlin, 22./23.04.2016).

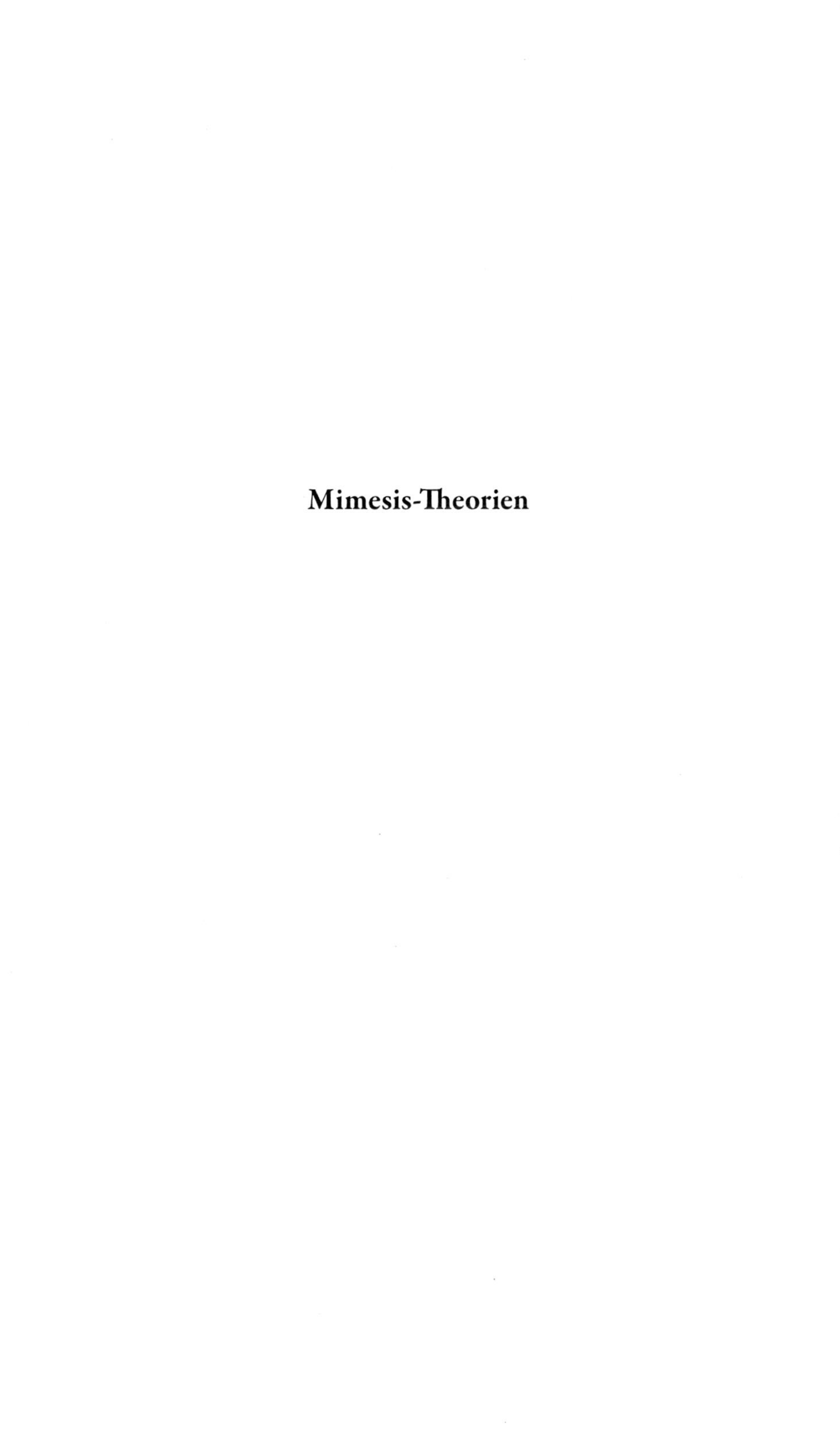

Mimesis-Theorien

Mimetisches Lernen als kulturelles Lernen

Christoph Wulf

Geht man davon aus, dass Menschen Primaten sind, die sich von nichtmenschlichen Primaten unterscheiden, dann liegt es nahe, bei der Untersuchung anthropologischer Merkmale auch die Ähnlichkeiten mit anderen Tieren zu untersuchen. Im Unterschied zur Philosophischen Anthropologie, die vor allem die Unterschiede zwischen Tieren und Menschen betonte,[1] sind wir heute stärker daran interessiert, was Menschen und Tiere gemeinsam haben. Auch bei den mimetischen Phänomenen gibt es Gemeinsamkeiten und Unterschiede zwischen Menschen und anderen Tieren. Um diese zu identifizieren, bietet sich Ludwig Wittgensteins Konzept der Familienähnlichkeit an,[2] das er in den *Philosophischen Untersuchungen* am Beispiel von Spielen, für deren Konstitution mimetische Prozesse eine wichtige Rolle spielen, wie folgt erläutert: Was ist „das Gemeinsame“ von Spielen? Seine Antwort:

> Es muss ihnen etwas gemeinsam sein, sonst hießen sie nicht ‚Spiele‘ – sondern schau, ob ihnen etwas gemeinsam ist. – Denn, wenn du sie anschaust, wirst du zwar nicht etwas sehen, was allen gemeinsam wäre, aber du wirst Ähnlichkeiten, Verwandtschaften sehen, und zwar eine ganze Reihe. Wie gesagt: denk nicht, sondern schau![3]

Mit Hilfe unserer praktisch-sinnlichen Fähigkeiten sind wir fähig, „ein kompliziertes Netz von Ähnlichkeiten, die einander übergreifen und sich kreuzen“, zu erkennen.[4] „Familienähnlichkeit“ bildet transitive Beziehungen: Man kann mit Hilfe eines Merkmals zu einem jeweils anderen Mitglied der Familie weitergehen, dann wiederum mit Hilfe eines wieder anderen Kennzeichens zu einem weiteren Verwandten.[5]

1 Christoph Wulf: *Anthropologie. Geschichte, Kultur, Philosophie.* Überarb. Aufl. Köln: Anaconda 2009; ders.: *Anthropology. A Continental Perspective.* Chicago: University of Chicago Press 2013.

2 Ludwig Wittgenstein: *Philosophische Untersuchungen.* Frankfurt am Main: Suhrkamp 1960.

3 Ebd., S. 66.

4 Ebd.

5 Gunter Gebauer / Christoph Wulf: *Spiel, Ritual, Geste. Mimetisches Handeln in der sozialen Welt.* Reinbek: Rowohlt 1998.

Bezieht man diese Überlegungen auf das große Spektrum mimetischer Prozesse, so wird deutlich, dass sich ihre Mannigfaltigkeit begrifflich nur unzulänglich fassen lässt. Wittgenstein empfiehlt daher das Schauen, d. h. die sinnliche Auseinandersetzung mit der Vielfalt mimetischer Phänomene; nur so kann man ihrer Mannigfaltigkeit gerecht werden.

Mimesis als anthropologischer Begriff

Wenn heute in den Kulturwissenschaften von „Mimesis" die Rede ist, so wird „Mimesis" nicht nur als ein Begriff der Ästhetik, sondern als ein viel weiter reichender anthropologischer Begriff verstanden. Ein solches Begriffsverständnis kann sich auf Aristoteles berufen, nach dessen Auffassung Menschen ihre ersten Kenntnisse mimetisch erwerben und sich auch später auf andere Menschen und die Welt mimetisch beziehen. Die Fähigkeit zur Mimesis ist eine *conditio humana*, die an die Frühgeburt des Menschen, seine residuale Instinktausstattung und den *Hiatus* zwischen Reiz und Reaktion gebunden ist. Mimetische Prozesse sind Prozesse der Nachahmung und des Ähnlich-werdens. Da Nachahmungen nie das Gleiche erzeugen, sind sie zugleich Prozesse des (eigenständigen) Nachschaffens. In ihnen erfolgt eine Bezugnahme auf andere Menschen, soziale Situationen, andere Welten, oft in der Absicht, diesen ähnlich zu werden. Mimetische Prozesse beziehen sich auf vorgegebene und dargestellte Wirklichkeiten und erzeugen dadurch auch Repräsentationsverhältnisse. Sie drücken etwas aus und bringen es zur Darstellung.[6]

Mimetische Prozesse spielen in der sozialen Welt eine wichtige Rolle. In ihnen wird soziales Handeln gelernt.[7] Mimetische Lernprozesse vollziehen sich weitgehend außerhalb des Bewusstseins. Nicht zuletzt deshalb sind ihre Wirkungen so nachhaltig. Vor allem soziales Handeln wird mimetisch gelernt. Im sinnlich-körperlichen Bezug auf handelnde Menschen entsteht ein Wissen davon, wie soziale Handlungen zu inszenieren und aufzuführen sind. In der mimetischen Bezugnahme auf

6 Gunter Gebauer / Christoph Wulf: *Mimesis. Kultur – Kunst – Gesellschaft*. Reinbek: Rowohlt 1992.

7 Christoph Wulf: *Zur Genese des Sozialen: Mimesis, Performativität, Ritual*. Bielefeld: Transcript 2005; Paul Ricoeur: *Zeit und Erzählung*, 3 Bde. München: Fink 1988–1991; Nelson Goodman: *Weisen der Welterzeugung*. Frankfurt am Main: Suhrkamp 1984.

Inszenierungen und Aufführungen von Spielen, Ritualen und Gesten wird das Wissen erworben und inkorporiert, das in ähnlichen Situationen zu anderen Zeitpunkten erforderlich ist. Bei der Aufführung sozialer Handlungen geht es nicht in erster Linie um die Reproduktion früher vollzogener Handlungen. Vielmehr gilt es, unter Bezug auf vorangegangene Inszenierungen und Aufführungen eigenständig zu handeln. Dabei werden die Handelnden nicht vor explizite Entscheidungen gestellt, sondern handeln auf Grund ihrer spezifisch menschlichen Fähigkeit der praktischen Gestaltung des Alltagshandelns. In der zwölfjährigen Berliner Ritual- und Gestenstudie wurden diese Prozesse in den vier Sozialisationsbereichen „Familie", „Schule", „Peerkultur" und „Medien" untersucht.[8] Hier wurde deutlich, dass wie viele andere Formen körperlichen und sozialen Wissens rituelles Handeln nicht allein auf rationalem performativem Wissen beruht. Vielmehr bedarf es im Unterschied zu einem „Wissen, dass" in erster Linie eines „Wissens, wie", eines Könnens im Sinne Gilbert Ryles.[9] Dieses dazu erforderliche, auch als implizites oder schweigendes Wissen bezeichnete Wissen wird wesentlich in mimetischen Prozessen erworben.

In mimetischen Akten erfolgt ein Noch-einmal-Machen vorgängiger Handlungen. Die dafür erforderliche Bezugnahme wird nicht durch rationales Denken, sondern sinnlich hergestellt. Verglichen mit dem ersten Ereignis oder der ersten Welt entfernt sich das zweite von der

8 Christoph Wulf / Birgit Althans / Kathrin Audehm / Constanze Bausch / Michael Göhlich / Stephan Sting / Anja Tervooren / Monika Wagner-Willi / Jörg Zirfas: *Das Soziale als Ritual: Zur performativen Bildung von Gemeinschaften*: Opladen. Leske + Budrich 2001; Christoph Wulf / Birgit Althans / Kathrin Audehm / Constanze Bausch / Benjamin Jörissen / Michael Göhlich / Ruprecht Mattig / Anja Tervooren / Monika Wagner-Willi / Jörg Zirfas: *Bildung im Ritual. Schule, Familie, Jugend, Medien*. Wiesbaden: VS 2004; Christoph Wulf / Birgit Althans / Gerald Blaschke / Nino Ferrin / Michael Göhlich / Benjamin Jörissen / Ruprecht Mattig / Iris Nentwig-Gesemann / Sebastian Schinkel / Anja Tervooren / Monika Wagner-Willi / Jörg Zirfas: *Lernkulturen im Umbruch. Rituelle Praktiken in Schule, Medien, Familie und Jugend*. Wiesbaden: VS 2007; Christoph Wulf / Birgit Althans / Kathrin Audehm / Constanze Bausch / Michael Göhlich / Stephan Sting / Anja Tervooren / Monika Wagner-Willi / Jörg Zirfas: *Ritual and Identity. The Staging and Performing of Rituals in the Lives of Young People*. London: Tufnell 2010 (franz. Ausgabe 2004); Christoph Wulf / Birgit Althans / Kathrin Audehm / Gerald Blaschke / Nino Ferrin / Ingrid Kellermann / Ruprecht Mattig / Sebastian Schinkel: *Die Geste in Erziehung, Bildung und Sozialisation. Ethnographische Fallstudien*. Wiesbaden: Springer / VS 2011.

9 Gilbert Ryle: Knowing How and Knowing That. In: Ders.: *Collected Papers*, Bd. 2. Bristol: Thoemmes 1990, S. 212–225.

zweckgerichteten sozialen Praxis insofern, als es sich mit dieser nicht unmittelbar auseinandersetzt, sie nicht verändert, sondern als ein Noch-einmal-Machen der ersten Welt aufzufassen ist. Die mimetische Handlung hat zeigenden und darstellenden Charakter; ihre Aufführung erzeugt wiederum eigene ästhetische Qualitäten.

Zur Geschichte des Begriffs

Die Geschichte des Mimesis-Begriffs macht deutlich, dass es sich bei ihm um einen anthropologischen handelt. Wir gehen heute davon aus, dass der Begriff „Mimesis“ aus Sizilien, der Heimat der Mimen, nach Griechenland gekommen ist. Die auf Grund sprachgeschichtlicher Analysen mögliche Differenzierung des Begriffs führt zur Erkenntnis, dass Mimesis im Zusammenhang mit „Mimos“ und den Praktiken der Mimen steht. Nicht Nachahmen bzw. eine Ähnlichkeit herstellen, sondern eine Posse aufführen, sich wie ein Mime verhalten, bedeutet die Tätigkeit des „Mimos“. Sie verweist auf die Alltagskultur der einfachen Leute, aus der Szenen bei den Feiern der Reichen mit der Absicht vorgeführt wurden, diese zu unterhalten. Die hier entwickelten Inszenierungen und Aufführungen waren oft deftig und despektierlich. Nach dieser mit sprachlichen Zeugnissen vielfältig belegten Auffassung liegen die Anfänge des Mimesis-Begriffs in kulturellen performativen Praktiken und haben eine ausgeprägt sinnliche, auf Körperbewegungen bezogene Seite. Im 5. Jahrhundert v. Chr. findet der Begriff „Mimesis“ in Ionien und Attika größere Verbreitung. In der platonischen Zeit ist er zur Bezeichnung von Prozessen des „Nachahmens“, „Nachstrebens“ und „Nacheiferns“ bereits gebräuchlich.

Davon ausgehend, dass in Griechenland die Dichter für die Erziehung der nachwachsenden Generation eine große Rolle spielen, untersucht Platon im dritten Buch des Staates (*Politeia*), wie literarische Werke in mimetischen Prozessen ihre bildende Wirkung entfalten. Nach Platons Auffassung sind es die in der Dichtung erzeugten Figuren und Handlungen, die sich in mimetischen Prozessen in das Imaginäre der jungen Menschen einschreiben. Diese Bilder sind so mächtig, dass sich junge Menschen ihrer Wirkung nicht widersetzen können. Deshalb müssen die Erzählungen und Bilder ausgewählt werden, die sich in der Vorstellungswelt der jungen Menschen festsetzen sollen. Andere Inhalte hingegen müssen von der jungen Generation ferngehalten werden. Bei Platon dienen also mimetische Prozesse zur Erziehung, Bildung und

Sozialisation. In ihnen erfolgt die Erzeugung und Vermittlung kulturellen Wissens. Wie Platon ist Aristoteles davon überzeugt, dass die Fähigkeit zu mimetischem Verhalten den Menschen angeboren ist.

> Sie zeigt sich von Kindheit an, und der Mensch unterscheidet sich dadurch von den übrigen Lebewesen, dass er in besonderem Maße zur Nachahmung befähigt ist und seine ersten Kenntnisse durch Nachahmung erwirbt – als auch durch die Freude, die jedermann an Nachahmung hat.[10]

Mimetisches als performatives Wissen

Als ‚performative Inszenierung und Handlung' bezeichnet Mimesis einmal die menschliche Fähigkeit, innere Bilder, Imaginationen, Ereignisse, Erzählungen, Handlungsfolgen zu inszenieren und szenisch aufzuführen. Zum anderen benennt Mimesis die Fähigkeit, in der Beobachtung der Performativität sozialen und ästhetischen Verhaltens sich diesem anzuähneln und es sich dadurch anzueignen. Die unterschiedlichen Voraussetzungen der Prozesse mimetischer „Anähnlichung" an Vorbilder lassen Differentes entstehen. Die Unterschiedlichkeit dieser „Anähnlichungs"- und Aneignungsprozesse führt auch zur Entstehung von Verschiedenartigkeit.[11] Die Fähigkeit zu performativem sozialem Handeln wird in mimetischen Lernprozessen erworben. Menschen entwickeln z.B. die von Kultur zu Kultur unterschiedlich ausgeprägten Fähigkeiten des Spielens, Tauschens von Gaben und rituellen Handelns in mimetischen Prozessen. Um jeweils ‚richtig' handeln zu können, ist ein praktisches Wissen erforderlich, das über sinnliche, körperbezogene Lernprozesse in den entsprechenden Handlungsfeldern erworben wird. Auch die jeweiligen kulturellen Charakteristika sozialen Handelns lassen sich nur in mimetischen Annäherungen erfassen. Praktisches Wissen und soziale Handlungen sind historisch und kulturell geformt.

Überall, wo jemand mit Bezug auf eine schon bestehende soziale Praxis handelt und dabei selbst eine soziale Praxis herstellt, entsteht ein mimetisches Verhältnis zwischen beiden; beispielsweise, wenn wir eine soziale Praxis aufführen, wenn wir nach einem sozialen Modell handeln,

10 Aristoteles: *Poetik*. Stuttgart: Reclam 1987, S. 11.

11 Christoph Wulf: *Die Bilder des Menschen. Die mimetischen und performativen Grundlagen der Kultur*. Bielefeld: Transcript 2014; ders. / Jörg Zirfas (Hrsg): *Die Pädagogik des Performativen*. Weinheim / Basel: Beltz 2007.

wenn wir eine soziale Vorstellung körperlich ausdrücken. Dabei handelt es sich nicht einfach um imitatorische Handlungen. Mimetische Handlungen sind nicht bloße Reproduktionen, die exakt einem Vor-Bild folgen. In mimetisch vollzogenen sozialen Praxen kommt es stets auch zur Erzeugung von etwas Neuem.

Der mimetische Erwerb praktischen Wissens

In mimetischen Lernprozessen werden vorgängige soziale Handlungen noch einmal gemacht. Dabei wird die Bezugnahme nicht vom theoretischen Denken, sondern mit Hilfe der Sinne *aisthetisch* hergestellt; verglichen mit der ersten sozialen Handlung entfernt sich die zweite Handlung von dieser insofern, als sie sich mit ihr nicht direkt auseinandersetzt, sie nicht verändert, sondern sie noch einmal macht; dabei hat die mimetische Handlung einen zeigenden und darstellenden Charakter; ihre Aufführung erzeugt wiederum eigene sinnliche Qualitäten. Mimetische Prozesse beziehen sich auf von Menschen bereits gemachte soziale Welten, die entweder als wirklich gegeben oder die imaginär sind. Der dynamische Charakter sozialer Handlungen hängt damit zusammen, dass das für ihre Inszenierung erforderliche Wissen ein praktisches Wissen ist. Als solches unterliegt es in geringerem Maße als analytisches Wissen rationaler Kontrolle. Dies ist auch der Fall, weil praktisches Wissen kein reflexives, seiner selbst bewusstes Wissen ist. Dazu wird es erst im Zusammenhang mit Konflikten und Krisen, in denen die aus ihm entstehenden Handlungen einer Begründung bedürfen. Wird die soziale Praxis nicht in Frage gestellt, so ist das praktische Wissen häufig ein implizites Wissen. Wie das Habitus-Wissen umfasst es Bilder, Schemata, Handlungsformen, die für die szenische körperliche Aufführung sozialer Handlungen verwendet werden, ohne dass sie auf ihre Angemessenheit hin reflektiert werden. Sie werden einfach gewusst und für die Inszenierung der sozialen Praxis herangezogen. In mimetischen Prozessen vollzieht sich eine nachahmende Veränderung und Gestaltung vorausgehender Welten. Hierin liegt das innovative Moment mimetischer Akte. Mimetisch sind soziale Praxen, wenn sie auf andere Handlungen Bezug nehmen und selbst als soziale Arrangements begriffen werden können, die sowohl eigenständige soziale Praxen darstellen als auch einen Bezug zu anderen Handlungen haben. Soziale Handlungen werden durch die Entstehung praktischen Wissens im Verlauf mimetischer Prozesse möglich.

Das für soziale Handlungen relevante praktische Wissen ist körperlich und ludisch sowie zugleich historisch und kulturell; es ist semantisch nicht eindeutig, lässt sich nicht auf Intentionalität reduzieren, enthält einen Bedeutungsüberschuss und zeigt sich in den sozialen Inszenierungen und Aufführungen von Religion, Politik und alltäglichem Leben.[12]

Neurowissenschaft und evolutionäre Anthropologie

In den letzten Jahren ist der körperliche Charakter mimetischer Prozesse auch von den Neurowissenschaften und von der Verhaltensforschung bzw. der evolutionären Anthropologie bestätigt worden. So konnten die Neurowissenschaften nachweisen, dass sich die Menschen von den nicht-menschlichen Primaten dadurch unterscheiden, dass sie in besonderer Weise fähig sind, sich in mimetischen Prozessen die Welt zu erschließen. Grund dafür ist das Spiegelneuronen-System. Die Analyse der Funktionsweise der Spiegelneuronen zeigt, wie das Erkennen anderer Menschen, ihrer Handlungen und ihrer Intentionen von unserem Bewegungsvermögen abhängt. Das Spiegelneuronen-System ermöglicht es unserem Gehirn, beobachtete Bewegungen auf unsere eigenen Bewegungsmöglichkeiten zu beziehen und deren Bedeutung zu erkennen.[13] Ohne diesen Mechanismus nähmen wir zwar Bewegungen und das Verhalten anderer Menschen wahr, doch wüssten wir nicht, was ihr Verhalten bedeutet und was sie wirklich tun. Die Spiegelneuronen sind das physiologische Korrelat, das sicherstellt, dass wir nicht nur als einzelne, sondern auch als soziale Personen handeln können. Sie wirken mit bei mimetischem Verhalten und Lernen, gestischer und verbaler Kommunikation, dem Verständnis der emotionalen Reaktionen anderer Menschen. Die Wahrnehmung des Schmerzes oder Ekels eines Menschen aktiviert die gleichen Gehirngegenden, die aktiviert werden würden, wenn wir diese Gefühle unmittelbar selbst empfänden. Zwar lassen sich Spiegelneuronen bei nicht-menschlichen Primaten empirisch nachweisen, doch ist im Unterschied zu ihnen das System beim Menschen komplexer. Im Unterschied zu nicht-menschlichen Primaten

12 Christoph Wulf: Praxis. In: Jens Kreinath / Jan Snoek / Michael Stausberg (Hrsg.): *Theorizing Rituals: Issues, Topics, Approaches, Concepts*. Leiden: Brill 2006, S. 395–411.

13 Giacomo Rizzolatti / Corrado Sinigaglia / Friedrich Griese: *Empathie und Spiegelneurone. Die biologische Basis des Mitgefühls*. Frankfurt am Main: Suhrkamp 2008.

sind Menschen in der Lage, transitive und intransitive Bewegungshandlungen zu unterscheiden, Handlungstypen und die Sequenz der Handlungen, die diese Typen ausmachen, zu wählen, sowie bei Handlungen aktiv zu werden, die nicht wirklich vollzogen, sondern lediglich nachgeahmt werden. Das Spiegelneuronen-System ermöglicht es uns, die Bedeutung der Handlungen anderer Menschen zu begreifen, und zwar nicht nur einzelner Handlungen, sondern auch von Handlungssequenzen. Zahlreiche experimentelle Versuche haben zudem gezeigt, was die Primatenforschung für Kinder mit neun Monaten nachgewiesen hat, dass das System der Spiegelneuronen nicht nur beobachtete Handlungen verarbeitet, sondern auch die Intention, mit der diese Handlungen vollzogen werden. Wenn wir jemanden eine Handlung vollziehen sehen, dann haben seine Bewegungen für uns eine unmittelbare Bedeutung. Entsprechendes gilt auch für unsere Handlungen und deren Verständnis durch andere Menschen. Experimentelle Untersuchungen zeigen, dass die Qualität des Bewegungssystems und das Spiegelneuronen-System notwendige, doch nicht ausreichende Bedingungen für das mimetische Vermögen darstellen. Es bedarf darüber hinaus weiterer neuronaler Vorgänge, damit Prozesse entstehen, die über die bloße Wiederholung hinausgehen und in denen eine mimetische „Anähnlichung“ an die Welt und an andere Menschen geschieht.

Solche mimetischen Fähigkeiten lassen Kleinkinder an den kulturellen Produkten und Prozessen ihrer Gesellschaft teilnehmen. Sie ermöglichen, was „Wagenhebereffekt“ genannt werden kann und darin besteht, dass Kleinkinder die materiellen und symbolischen Produkte ihrer kulturellen Gemeinschaft inkorporieren, diese dadurch erhalten bleiben und an die nächste Generation weitergegeben werden können.[14] In mimetischen Prozessen nehmen Säuglinge und Kleinkinder auf die Menschen Bezug, mit denen sie zusammenleben: Eltern, ältere Geschwister, andere Verwandte und Bekannte. Sie versuchen sich diesen anzuähneln, indem sie z. B. ein Lächeln mit einem Lächeln beantworten. Doch sie initiieren auch durch die Anwendung bereits erworbener Fähigkeiten die entsprechenden Reaktionen der Erwachsenen. In diesen frühen Prozessen des Austauschs erlernen Kleinkinder

14 Michael Tomasello: *Die kulturelle Entwicklung des menschlichen Denkens. Zur Evolution der Kognition*. Frankfurt am Main: Suhrkamp 2002; ders.: *Die Ursprünge der menschlichen Kommunikation*. Frankfurt am Main: Suhrkamp 2009.

z. B. Gefühle und den Umgang mit ihnen. Sie lernen, diese Gefühle in Bezug auf andere Menschen in sich zu erzeugen und sie bei anderen Menschen hervorzurufen. Im Austausch mit der Umwelt entwickelt sich ihr Gehirn, d h. es werden bestimmte seiner Möglichkeiten ausgebildet, andere hingegen verkümmern. Die kulturellen Bedingungen dieses frühen Lebens schreiben sich in die Gehirne, in die Körper der Kinder ein. Wer nicht in frühem Alter Sehen, Hören oder Sprechen gelernt hat, kann es zu einem späteren Zeitpunkt nicht mehr erlernen. Die mimetischen Bezugnahmen der Säuglinge und Kleinkinder lassen zunächst keine Subjekt-Objekt-Trennung entstehen. Diese ist erst das Ergebnis späterer Entwicklungen. Zunächst ist die Wahrnehmung der Welt magisch, d. h. nicht nur die Menschen, sondern auch die Dinge werden als lebendig erlebt. In dieser im Verlauf der Entwicklung der Rationalität an Bedeutung verlierenden Fähigkeit, die Welt in Korrespondenzen zu erfahren, bilden sich zentrale Möglichkeiten, in mimetischen Prozessen die Außenwelt in Bilder zu verwandeln und in die innere Bilderwelt aufzunehmen.

Zusammenfassend lässt sich also feststellen, dass kulturelles Lernen weitgehend körperbasiertes mimetisches Lernen ist. Erziehung, Bildung und Sozialisation vollziehen sich, besonders in der Kindheit und Jugend, doch auch im Erwachsenenalter in körperbasierten mimetischen Prozessen. Ähnliche und zugleich sehr unterscheidende Prozesse vollziehen sich auch bei vielen anderen Tieren.

Mimesis re-interpretieren

Wissen im Moment der Hybridisierung

Roberto Marchesini

Prämissen

So wie die Flügel des Albatros uns von Wärme- und Luftströmungen berichten und die Körperform des Delfins das Viskositätsgefälle des Wassers spiegelt, so ermöglichen auch die Kiemen eines Fischs, dass eine flüssige Welt sie streift, während die Größe eines Insekts von den Sauerstoffebenen in der Atmosphäre erzählt. Der Gang durch die Räume der Welt bedeutet, dass wir Symphonien biomechanischer Beziehungen begegnen und dass die offenen, heteronomen Konfigurationen in diesen Räumen implizit ergänzender Informationen bedürfen, um existieren zu können.

Wir sind Kinder rekursiver und iterativer Beziehungen, die sich geometrisch in unserem Leib wiederholen: Weil Wissen immer auf mehreren Pfaden wandelt, sind Muskelfasern an Nervenbahnen angepasst, während Immunströme durch Zytokine zur Neuromodulation aufgerufen werden. Phylogenese ist ein langer Beziehungsfaden. Jede Anpassung, Konkurrenz, Konfrontation oder Symbiose wird in den Körper eingeschrieben, so wie Moränen, die von Gletschern gezeichnet werden. Sowohl im Hinblick auf die Gliederung unserer körperlichen Ausstattung als auch hinsichtlich unseres kognitiven Einsatzes ist unsere Phylogenese ein Buch, das gelesen werden will. Gleichzeitig ist sie eine Geschichtenerzählerin und ein Tagebuch, das eine milliardenalte Reise protokolliert. Diese Art von ‚somatischer Geologie' setzt sich aus Schichten zusammen, die verschiedene Ären adaptiver Dialoge repräsentieren. Mit anderen Worten: Unsere existenziellen Architekturen sind von den Erfindungen unserer Vorfahren gekennzeichnet. Alles ist zusammengefasst in dieser merkwürdigen Ontogenese, die wie ein Roman konstitutiv in verschiedene Kapitel stratifiziert ist, um eine Dialektik fortzusetzen, die Andersartigkeit miteinschließt. Plötzlich scheine ich einen rätselhaften, gedächtnislosen Anfang zu verstehen.

Menschen sind demnach ein gordischer Knoten relationaler Geschichten, die unauflöslich und unentwirrbar sind und die Zeit in eine dialektische Assimilation verflechten: Was-ich-bin erzählt von meinen Beziehungen, die wie diachrone Origami in einer Proteinstruktur gefaltet sind. Jedes ontopoietische Ereignis weist immer schon auf eine_n Andere_n hin: Es ist immer heteroreferenziell. Es impliziert nicht eine passive Aufnahme der Form, die von der Welt auferlegt wird, sondern eine morphopoietische Erscheinung, die aus einem Dialog hervorgeht. Mein Körper ist ein Theater der Repräsentationen, die mir vorausgegangen sind, meine Identität geprägt haben und sich letztlich als freundliche Angebote für diejenigen darbieten, die da kommen werden. Das Problem der Identität kehrt *à la* Proust zurück, wie ein reißender Strom, der die Beziehung zwischen unserer Erinnerung und der Alchemie der Welt überflutet. Ich finde die Gewissheit meiner Existenz in der Tatsache, dass ich dieser zufälligen Präsenz *vorausgehe*, und das passiert genau in dem Moment, in dem ich mich selbst befrage.

Warum also behaupten wir, dass Identität mit ‚Reinheit' übersetzt werden kann? Warum suchen wir ihre Essenz, als ob wir in einer sklerotischen Schale eingewickelt wären, die uns vor gefährlichen Verunreinigungen schützt, während wir gleichzeitig komplexe, unumgängliche Verwurzelungen vermeiden? Ein Prozess der Identitätsformierung, der wie ein Motor durch dialektische Akrobatik Prädikate schärft – so wie es Giorgio Agamben mit der anthropologischen Maschine oder Ugo Fabietti für die Entstehung der Kulturen gezeigt haben[1] – straft die heraklitische Opposition Lügen: Identität weist nicht zurück, sondern assimiliert. Jeder Dialog nützt der Introjektion oder der Organisation eines Dialogs, der wiederum grundsätzlich von dem/der Gesprächspartner_in abhängt. Die Geschwindigkeit eines Gepards ist das Resultat einer dialogischen Konfrontation mit der Gazelle; die Form einer Orchidee spiegelt die Raserei einer Hummel wider; die schwimmhautigen Füße der Wasservögel zeugen von einer langen Konversation mit dem Wasser.

Was wir Adaptation nennen, sollte vielleicht besser mit dem Begriff ‚Korrelation' erfasst werden, die eben eine Spiegelung der Dialogpartner ist. Die genealogische Interpretation, jene berühmte ‚Vererbung mit Modifikation' der Darwin'schen Tradition, erlaubt uns,

1 Vgl. Giorgio Agamben: *Das Offene. Der Mensch und das Tier*. Frankfurt am Main: Suhrkamp 2003; Ugo Fabietti: *Antropologia culturale: l'esperienza e l'interpretazione*. Rom: Laterza 1999; ders.: *L'identità etnica. Storia e critica di un concetto equivoco*. Rom: Carocci 2013.

Taxonomien zu verstehen und endlose Verbindungen zu Lebensformen zu finden, die uns vorausgegangen sind. Sie erlaubt uns, Qualitäten in uns zu erkennen, die nicht von unserer Spezies entwickelt wurden. Man bedenke, wie unser Körper die Vergangenheit zusammenfasst, um uns zu Zeug_innen des Weltspektakels zu machen. Es ist etwas Außergewöhnliches, wie beispielsweise auch die Wanderbewegung der Neuronen entlang der Kortexschichten, die Routen folgen, die an Vogelpfade erinnern; oder die Bio-Uhren, die apoptische Prozesse regulieren, welche wiederum Konturen und Hohlräume aus embryonischen Formen gestalten. Auf welche Dimension des *bios* wir unsere Aufmerksamkeit auch heften – sei es auf das komplexe Leben einer Zelle, auf einen embryologischen Rhythmus, auf das Sozialverhalten der Hautflügler oder auf die gegliederten Interdependenzen eines Ökosystems –, immer finden wir lange Informationsstränge, die sich im Verlauf der Zeit sedimentiert haben.

Wir wenden uns an Zauberer_innen und Wahrsager_innen, um uns die Zukunft voraussagen zu lassen, aber unsere größte Unwissenheit bezieht sich auf die Vergangenheit. Wenn ich die Arme nach rechts und links ausstrecke, um auf diese Weise die Zeit zu ermessen, dann nimmt die Vergangenheit den Raum zwischen den jeweiligen Endpunkten der linken und der rechten Hand ein, während die Zukunft nur ein Staubkorn auf meinen Fingernägeln ist. Die Vergangenheit ist eine Geschichte der uns betreffenden Dialoge, die uns viel darüber zu erzählen haben, was wir fühlen und welche Entscheidungen wir treffen werden. Die Bewegung meiner tippenden Hand, die einem Baumzweig ähnelt, wird durch neurale, von der Vergangenheit delegierte Organisationsformen ermöglicht und genauso passt sich auch der Körper eines Bauchfüßlers, wenngleich unbewusst, an den goldenen Bereich seiner Schale an. Die Ontologie sollte einer Art relationaler Archäologie entsprechen, die den Fossilien ebenso wie den Eigenschaften Aufmerksamkeit schenkt, die unsere Abstammung inkorporiert und denjenigen Merkmalen Form verliehen hat, die innerhalb unseres Familienerbes herausstechen. Wir sind zufällige Ergebnisse von Relationen, die so weit entfernt sind, wie ein Echo, das in der Gegenwart widerhallt – ein kosmischer Big Bang, den wir immer noch kaum verstehen.

Mimesis neu betrachten

Wenn man Mimesis als einen Aspekt begreift, der den Menschen als ein Hybrid kennzeichnet, eröffnen sich uns Deutungsmöglichkeiten von Anthropopoiesis (die Selbst-Herstellung des Menschen inmitten der kulturellen Sphäre), die der Vorstellung widersprechen, dass Identität durch einen selbstreferenziellen Prozess hervorgebracht wird. Die liminale Schnittstelle des Menschen ist nicht nur passiv durchlässig für externe Einflüsse, sondern konstruiert seine morphodynamische Beschaffenheit, indem sie Systeme verwendet, die für referenzielle Aneignung prädisponiert sind. Eine Pflanze vervollständigt sich thermodynamisch im Nichtgleichgewicht durch ihre Blattstruktur, die, wie photovoltaische Zellen, den Fluss der Solarenergie einfängt und die Erhaltung einer geordneten Struktur erlaubt (wir erkennen hier die Postulate von Rudolf Clausius). Die menschliche Identität ist in all ihrer Komplexität gleichermaßen eine instabile Struktur in einem deutlichen Nichtgleichgewicht, die sich selbst nur erhalten kann, indem Informationen von außen erworben werden. Mimesis ist also unsere Blattstruktur. Wenn wir Komplexität im Sinne thermodynamischer Bedürfnisse betrachten, ist Mestizisierung offensichtlich nicht nur unumgänglich, sondern repräsentiert genau die Bedingung, die erlaubt, dass Komplexität überhaupt erst entstehen kann. Kulturelle Identität ist nur durch die mestizisierenden Strukturen möglich, die externe Informationen aktiv einfangen.

Der ontogenetische Prozess bedarf ebenfalls einer mimetischen Interpretation, die sowohl über die selbstreferenzielle Formulierung eines Entwicklungskonzepts, dem ein apriorisches Bildungsmodell unterliegt, hinausgehen kann, als auch das Konzept der Stimulation oder externen Determination des assoziativen Vorstellungsvermögens (die Tabula Rasa) eines behavioristischen Modells zu übersteigen vermag. Jean Piaget begreift Imitation als Wurzel des evolutionären Prozesses bzw. als einen Pfad, der durch das Phänomen des Aufschubs von relationaler Mimesis – sprich: Imitation in Anwesenheit des Objekts, das imitiert werden soll – zu repräsentationaler Mimesis führt.[2] Der Bezug auf ein Modell ist hinsichtlich der Interpretation evolutionärer Prozesse ein Leitmotiv, das in beinahe allen psychologischen Schulen

2 Jean Piaget: *Genetische Erkenntnistheorie*, aus d. Franz. v. Fritz Kubli. Stuttgart: Klett-Cotta 2015; ders. / Barbel Inhelder: *Die Psychologie des Kindes*, aus d. Franz. v. Lorenz Häfliger. München: Klett-Cotta 1986.

ersichtlich wird: Vom Konzept der ‚sicheren Basis' von John Bowlby bis hin zur proximalen Entwicklung von Lem Vygotskiĭ;[3] von der Funktion des ‚Modelllernens' bei Albert Bandura bis hin zur Prägung bei Konrad Lorenz.[4] Die Neurobiologie kann, z.B. in der Forschung zu Spiegelneuronen, heute mit Gewissheit aufzeigen, wie sich mimetische Aktivität (zumindest als Fähigkeit), insbesondere im Falle der Primaten, entwickelt. Die permanente Verbindung zwischen dem beobachteten Vorgang und dem Gedankenvorgang gibt uns erst recht Grund, den ontogenetischen Prozess als eine Strukturierung der evolutionären Ordnung (das phylogenetische Erbe) gemäß der Wachstumsanleitung zu deuten, die von der externen Welt zur Verfügung gestellt wird. Am Ende des ontopoietischen Prozesses spiegelt die Identität aufgrund des eigenen evolutionären Erbes auf diese Weise die externe Realität: Jede baumartige Essenz spiegelt die Umwelt, in der sie wächst, aber sie tut dies aufgrund der bestimmten evolutionären Organisation der eigenen Spezies.

Mimesis ist also das Resultat eines dialogischen Prozesses. Es handelt sich um eine Interpretation, die die Repräsentation des Anderen immer schon antizipiert und zwar durch die evolutionäre Organisation, die eben Teil der Identität ist. Daher kann Mimesis nie als passive, allgemeine Übernahme der Form des Anderen betrachtet werden. Anhand von Mimesis erkennen wir: 1) einen projektiven Prozess, denn Andersartigkeit wird nur durch unsere eigene, interne, informationelle Organisation gespiegelt; 2) einen exzentrischen Prozess, da man durch Andersartigkeit Zugang zu einer neuen existenziellen Dimension erhält – einer Daseinsform, die Veränderung bedeutet und zwar sowohl im ontologischen als auch epistemologischen Sinne. Eine auf diese Weise introjizierte Andersartigkeit beschränkt sich demzufolge nicht auf die Stärkung inhärenter Identitätsprädikate, sondern definiert die Dynamik des Systems und den prädikativen Bereich neu. Mit anderen Worten: Sie modifiziert die Prädikate selbst. Dieserart zerfällt der

3 Vgl. John Bowlby: *Bindung als sichere Basis. Grundlagen und Anwendungen der Bindungstheorie*, aus d. Engl. v. Axel Hillig / Helene Hanf. München: Reinhardt 2014; Lem Vygotskiĭ: *Mind in Society: The Development of Higher Psychological Processes*. Cambridge: Harvard UP 1978.

4 Vgl. Albert Bandura: *Psychological Modeling*. New York: Lieber-Antherton 1971; Konrad Lorenz: *Die Rückseite des Spiegels. Versuch einer Naturgeschichte menschlichen Erkennens*. München / Zürich: Piper 1973.

Anspruch, Heteroreferenz als nebeneinanderstellend und potenzierend zu betrachten. Anders gesagt: Hier löst sich die irrtümliche Meinung auf, dass Identitätsannahme sedimentär-superstrukturell, jederzeit vom System ableitbar und somit unfähig sei, die internen Eigenschaften zu verändern. Gleichzeitig zerfällt das Paradigma einer Identität, die sich durch Reinheit auszeichnet. Der ontopoietische ist immer ein hybridisierender Prozess, der neue Prädikate einführt. Es bleiben zwei wichtige Fragen zu klären: a) ob jenseits von einer Befähigung zur Mimesis auch eine Neigung zur Mimesis besteht oder ob wir von einer motivationalen Grundlage ausgehen können, die den Menschen zur Mimesis veranlasst; b) ob innerhalb des artspezifischen Umkreises ein Rubikon existiert, der nicht überschritten werden kann.

René Girard versichert, dass die Handlungen des Menschen von seinem Verlangen nachzuahmen bestimmt sind.[5] Er definiert demzufolge ein reales Verlangen nach und eine reale Notwendigkeit zur Mimesis als die Basis nicht nur von Lernprozessen, sondern auch von denjenigen frustrierenden Antrieben, die problemtische Folgen nach sich ziehen können, wie der Ödipuskomplex und Eifersuchtsgefühle. Im Wesentlichen lässt sich sagen, dass es dort, wo eine motivationale Schwäche existiert, die man als eine Neigung zur Suche nach Befriedigung durch bestimmte Verhaltensweisen verstehen muss, streng genommen nicht ausreicht, auf eine simple Fähigkeit zu verweisen. Das ist deshalb so, weil das Verlangen ein zwingendes ist, was wiederum auf die Ebenen ausdrucksstarker Wahrscheinlichkeit, frustrierender Verletzbarkeiten und auf eine aktive Suche nach einem Lebewesen hinweist, das imitiert werden kann. Und was wäre, wenn Mimesis das Resultat motivationaler Konvergenz ist? Wir könnten die Neigung zum Entdecken, Sammeln und Katalogisieren von Objekten und zum Wetteifern als wichtige berufende Antriebsmotoren identifizieren, die Mimesis nicht einfach zu einer menschlichen Fähigkeit machen, sondern auch zu einer Form der Befriedigung. Dies könnte die aristotelische Vorstellung einer imitativen Natur des Menschen mit Girards Vorstellung eines intrinsischen Nachahmungsverlangens versöhnen. Marcel Jousse betont die natürliche und spontane Tendenz des Kindes, die Seins- und Wesens-Ereignisse, mit denen es durch Bewegungen und Gesten in Kontakt kommt, in einem Spiel zu repräsentieren, in dem das Reale,

5 René Girard: *Anorexie et désir mimétique*. Paris: L'Herne 2008.

ähnlich einem Schauspiel, zur Aufführung gebracht wird und zwar in einer Sprache, die vor allen Dingen eine Geste ist.[6] Die Zurschaustellung dieses Verhaltens im spontanen Spiel bestätigt, dass im mimetischen Akt mindestens ein angeborener motivationaler Ursprung vorhanden ist.

Wenn wir davon ausgehen, dass es eine Neigung zur Mimesis gibt, folgt daraus die Girard'sche Idee eines hergeleiteten Risikos, wie z. B. Neid, aber auch ein befreiend wirkender Gebrauch der Dramatisierung, die den Emotionsfluss einer Person entweder ekstatisch – sozusagen die Seele aus dem Selbst ziehend, wenn wir der aristotelischen Vorstellung folgen wollen, – oder palliativ öffnen kann, da die Frustration und Individuation (formend und sichtbar machend) auf den Ursprung des Leidens projiziert wird. Wie Girard gezeigt hat, nimmt nachgeahmte Andersartigkeit die kurativ-kathartische Bedeutung an, die zum Topos des Sündenbocks werden kann.[7] Die Neigung zur Nachahmung wird zum drängenden Bedürfnis, zu einem Gefühl der Ohnmacht, zu einem inneren Schmerz, der entweder zu einem bösartigen Blick werden kann oder sich in eine empathische Beteiligung verwandelt. Zuweilen ist die Kluft zwischen den beiden Möglichkeiten extrem schmal. In ihrem Essay *Invidia* erinnert sich Elena Pulcini an eine Aussage von Francis Bacon, in der dieser den Zustand der Nähe als denjenigen Ort erkennt, an dem der Vergleich schwierig wird.[8] Sie setzt den Neid korrekterweise mit dem Vergleich in Beziehung: a) „wenn es in einem Bereich passiert, an dem uns viel liegt, dem wir einen großen Wert zusprechen"; b) wenn es „die realistische Möglichkeit eines Wettkampfes mit jemandem" gibt.[9] Zum anderen kann die Begegnung aber auch stattfinden 1) in einer gewählten Nähe, falls das Bedürfnis, über den/die Andere_n erhaben zu sein im Hinblick auf die geteilten Qualitäten ein zentrales ist; 2) in einer relationalen Nähe, falls die Begegnung, die Verbindung, die Interaktion und die Bewunderung der Diversität vorherrscht, was man dem Verlangen nach dem Prädikat des/der Anderen zuschreiben kann, das wertgeschätzt wird, eben weil es keine Überschneidung gibt. Falls Girard im ersten Fall recht hat, wenn er das trianguläre Ergebnis vermittlungsbasierter Mimesis betont – das nachzuahmende Modell,

6 Marcel Jousse: *L'anthropologie du geste*. Paris: Gallimard 1974.

7 Girard: *Anorexie et désir mimétique*.

8 Elena Pulcini: *Invidia. La passione triste*. Bologna: Il Mulino 2011.

9 Ebd., S. 14.

das uns in dem gewählten Prädikat übertrifft –, so wird das Ganze im zweiten Fall doch wesentlich komplexer.
Nur zu Beginn findet die relationale Begegnung zwischen zwei Entitäten statt, denn in Wirklichkeit fügt die Begegnung zwei neue, vermittelnde Wesen hinzu: a) die Introjektion des/der Anderen als ein neue strukturelle Dimension interner Prädikate; b) das Exzentrisch-werden zur/zum Anderen, die Transmutation von einem simplen Phänomen hin zu einer Epiphanie, die Verkündung einer neuen möglichen Dimension. Genau genommen heißt das, dass wir eine_n Andere_n erkennen, die/der nicht mehr nur eine phänomenale Entität ist, sondern zu einem Epiphänomen wird, das dem Subjekt, das dieses Epiphänomen willkommen heißt, eine neue ontologische Dimension verkündet. Wie ich gesagt habe, geschieht dies nicht durch bloße Imitation, sondern vielmehr durch Inspiration: Durch Mimesis wird das Subjekt von Andersartigkeit wie von einem Blitz getroffen. Diese Andersartigkeit präsentiert sich nicht als ein Phänomen oder als ein Seins-Ereignis, das zwar relevant, dem Subjekt aber fremdartig bleibt, sondern als eine Epiphanie, ein Erscheinen des Subjekts, das durch die Hybridisierung allerdings unwiderruflich verändert wird. In der Mimesis entdeckt das Subjekt also eine neue existenzielle Dimension, die eine irreversible Transformation zustande bringen kann.

Das Menschliche und das Nichtmenschliche: Getrennte Bereiche?!
Die Frage, die wir nun bedenken müssen, ist, ob es immer noch haltbar ist, eine unüberwindbare Grenze zu definieren, die Ontopoiesis, und allgemeiner Anthropopoiesis, auf einen intraspezifischen mimetischen Raum beschränkt. Mit anderen Worten: Ist es sinnvoll, von einem unüberschreitbaren Rubikon auszugehen, der voraussetzt, dass mimetische Bezüge nur zwischen Menschen stattfinden, oder ist es konsequenter einzugestehen, dass menschliche Mimesis keine Grenzen anerkennt? In dieser Hinsicht bekräftigt Jousse, dass eine der grundlegendsten Eigenschaften des Kindes die Kunst des „Alles-spielens“[10] ist: Das Kind inszeniert mit seinem Körper mimetisch die Eigenschaften der Realität, mit der es in Kontakt kommt. Sich selbst zu einem nichtmenschlichen Anderen zu machen ist im „Alles-spielen“ bereits impliziert und offenbart eine weitere Öffnung hin zum Nichtmenschlichen

10 Jousse: *L'anthropologie du geste.*

als einer Neigung zum Spielen – eine Neigung, die befriedigend und evolutionär ist. Sich selbst zu einem nichtmenschlichen Anderen zu machen, hebt hervor, inwiefern die epistemische Funktion einem Pfad folgt, der vielmehr dialogisch-projektiv als verdinglichend ist. Aber in diesem Fall bezieht sich der Begriff des ‚Anderen' nicht nur auf unsere Mitmenschen, sondern auf nichtmenschliche Realität und eigentlich auf Alles. Der Widerwille vieler Philosoph_innen und Anthropolog_innen, dieses Vorkommen zu akzeptieren, dient als Lackmustest, der die revolutionäre Bedeutung eines solchen Zugeständnisses offenbart. Wenn wir von einer realen Mimesis mit nichtmenschlichen Anderen ausgehen und nicht von einem bloß instrumentellen Gebrauch – sei er performativer oder technischer Art – der Epimetheus'schen Palette, dann müssen wir nichtmenschlichen Wesen hinsichtlich der ontopoietischen Dimensionskonstruktion tatsächlich eine Ko-Faktorialität, eine dialogisch-referenzielle Rolle zuerkennen und nicht bloß eine illustrative oder phänomenale. Als ein Paradigma des Nichtmenschlichen wäre Animalität plötzlich von der phylogenetischen Dimension (das allgemeine Darwin'sche Erbe von den Ursprüngen) auf die kulturelle oder anthropopoietische verschoben und würde den Menschen von der Vortäuschung ontologischer Autonomie erlösen, die den Kern und das Fundament humanistischen Denkens ausmacht. Die selbstzentrierte Basis, die auf der Idee beruht, dass Kultur, die anthropopoietische Dimension des Menschlichen, vollständig dem Menschen gehört, bildet die stützenden Wände des Kartenhauses, das sich Humanismus nennt. Ohne sie fällt alles in sich zusammen. Im nichtmenschlichen Universum herrscht allerdings ein Gefühl von Wunder und Aufruhr, das zu Empfindungen wie dem Schönen und dem Erhabenen inspirieren kann – man erinnere sich an die Analyse von Edmund Burke.[11] Wenn Mimesis eine Relation darstellt, noch bevor sie eine dramatische Re-Präsentation der/des Anderen ist, dann kann das Nichtmenschliche, sofern es in seiner phänomenalen Form erscheint, ein Gefühl von Ordnung und Harmonie erzeugen. Es kann auch Angst und Instabilität evozieren, wenn es als Epiphanie auftritt oder wenn es ungewöhnliche Dimensionen ankündigt.

11 Vgl. Edmund Burke: *Philosophische Untersuchung über den Ursprung unserer Ideen vom Erhabenen und Schönen*, aus d. Engl. v. Friedrich Bassenge. Hamburg: Meiner 1989.

Es gibt zahlreiche Nachweise für diese Hybridisierung mit anderen Spezies, z. B. die vom Menschen entwickelten Techniklösungen, das Tanzen und die Kampfkunst, die Musik und die Prosodie, die Kosmetik und die Mode, die Ausdrucksformen von Identität durch Kostüme und Heraldik, die symbolische und semiotische Struktur, die Prophezeiung und die Zeichnung des Göttlichen, die taxonomischen Kategorien und die Sternzeichen. All diese Beispiele würden eine zooanthropologische Interpretation von Kulturen und kulturellen Phänomenen verlangen. Diese Gründe bewegen mich zu der Bestätigung der Aussage, dass wir durch das Überschreiten des Rubikon zwischen verschiedenen Arten die Potenziale der Mimesis bewiesen haben und beweisen können. Aber es wäre falsch, künstlerische Phänomene als bloß anthropomorphe Re-Präsentation des Nichtmenschlichen zu betrachten. Ein solches Postulat würde uns zu einer prä-romantischen Lesart führen, die kreativen Ausdruck und ästhetische Bewertung als Imitation der Natur durch die Linse eines klassischen Objektivismus versteht.

Mimesis ist vielmehr die Imitation des natürlichen Prozesses oder eines morphodynamischen Ereignisses, das die Entstehung einer neuen ontischen Ebene verursacht und nicht den Wesen, die diese Ebene bestimmt haben, zugerechnet werden kann. Hier sind einige Beispiele angebracht. Die Tendenz, sowohl die Form als auch die Bewegung der/des Anderen zu re-präsentieren – z. B. durch Bewegungen des Körpers in der Haltung des Stillstands beim Yoga oder in der kinetischen Bewegung beim Tanz oder Kung Fu – bestimmt auf der einen Seite die Inkorporierung des Heterospezifischen und auf der anderen Seite die anthropomorphe Interpretation dieses Heterospezifischen. Im Hinblick auf Mimesis werden wir also Zeug_innen eines Prozesses der Schwelle, der Gastfreundschaft gegenüber Andersartigkeit, und nicht einer bloß homologen Re-Präsentation des Phänomens. Ein Schwellenprozess weist auf ein doppeltes Ereignis der Gastfreundschaft hin: a) ein solches, das zentripetal ist, durch das Willkommen-heißen von Andersartigkeit die eigenen Prädikate reorganisiert und daher nicht nur die interne Dynamik des Systems zwangsläufig modifiziert, sondern auch neue Varietäten erschafft, die den/die Andere_n bewirten; b) ein solches, das zentrifugal ist, also ein exzentrischer Prozess des hybriden Wesens, der sich außerhalb des eigenen ontischen Raums abspielt, um an neuen Dimensionen des Seins teilzuhaben, und zwar, indem man von der/dem Anderen bewirtet wird.

Die Jousse'sche Vorstellung einer Assimilation reicht nicht aus, um das Konzept der zentripetalen Gastfreundschaft zu verstehen, weil es dazu neigt, Introjektion als Absorption oder Beifügung zu deuten, und zwar im Sinne der zwei humanistischen Bedeutungen einer a) Komplementation oder Entlastung (ursprünglich durch Arnold Gehlen geprägt); oder b) Potenzierung der Prädikate, wie sie in der Soziobiologie verhandelt wird. Andersartigkeit zu bewirten, bedeutet, die gesamten Dynamiken des Systems zu modifizieren und neue Qualitäten entstehen zu lassen. Im mimetischen Akt modifiziert der Mensch seinen ontopoietischen Raum, während er Andersartigkeit ziseliert, dabei einige Prädikate von ihrer Funktion befreit und diese Prädikate virtualisiert oder anderen Koordinaten gemäß festlegt. Der mimetische Akt verschiebt die Beschränkungen des Systems und erlaubt, dass neue, unvorhergesehene Prädikate auftauchen, die die internen Konstituenten und Informationen, die Identität gestalten, verändern. Mit anderen Worten: Die angenommene Andersartigkeit tritt in das System ein und verändert es auf allen Ebenen – nicht nur hinsichtlich seines phänomenalen, sondern auch seines teleodynamischen Ausdrucks. Das Balzritual des Grauhals-Kronenkranichs erhält im Tanz der Massai eine soziale Bedeutung, genauso wie die Beutegreifer-Kunst der Spinne sich andere Funktionen im Hinblick auf die Webtechnik aneignet. Wie ein Virus betritt der Hybridisierer die Wirtszelle, verändert ihre Funktionen und erschafft ein neues Metabolom.

Es gibt gute Gründe, warum es sich lohnt, in der Betrachtung des phänomenalen Aspekts von Andersartigkeit zu verweilen. Es kann den Anschein haben, dass dieses Phänomen bloß die technischen Bestimmungen des Aufführens oder ‚wie ein bestimmtes Ziel erreicht werden kann' – nehmen wir z.B. ‚das Fliegen' – ausdrückt und somit als ein Ziel betrachtet wird, das dem Menschen bereits vor dem mimetischen Akt innewohnt. Aber dieses Verweilen hilft uns nicht dabei, die exzentrischen Koordinaten, die in diesem Anders-werden enthalten sind, wirklich zu verstehen. Den Flug im mimetischen Akt zu beobachten, impliziert einen inspirativen Prozess, das Entstehen eines neuen Ziels (die Fähigkeit zum Fliegen), dessen Präsenz dem Akt nicht vorausgeht: Mimesis kann also nicht auf die einfache technische Erläuterung der Mittel reduziert werden, derer es bedarf, um ein Ziel zu erreichen. Vielmehr handelt es sich bei Mimesis um die Konstruktion einer neuen existenziellen Dimension, einer anderen Ebene des Seins, auch in teleodynamischer Hinsicht. Wenn der Flug eines Vogels betrachtet wird, deutet Mimesis das Phänomen nicht einfach als solches, sondern deutet auch die ‚ontologische Intentionalität' des Phänomens (der Bezugspunkt für Ontopoiesis = etwas über das Sein aussagen) im Hinblick auf den/die Beobachter_in. Mit anderen Worten: Wenn es wahr ist, dass der Flug eines Vogel die Eigenschaften des Phänomens besitzt, das man hinsichtlich seiner aerodynamischen oder divinatorischen Merkmale bewundern kann, dann können wir im wahrsten Sinne des Wortes von Mimesis sprechen (und nicht nur im Sinne einer Beobachtung), weil die/der Beobachter_in den Flug des Vogels dann nicht als solches sieht, sondern in diesem Flug ihre/seine eigene mögliche existenzielle Dimension erkennt. Das ist es, was ich „die epiphanische Funktion von Andersartigkeit"[12] nenne: Wenn der Flug eines Vogels den phänomenalen Aspekt transzendiert und nicht nur etwas aussagt, das über die Fremdartigkeit des Phänomens hinausgeht, sondern auch eine inspirative Rolle im Rahmen eines ontopoietischen Auftrags annimmt.

Imitierte Andersartigkeit ist daher nicht bloß ein Re-Formulieren, sondern eine Interpretation, weil der Mensch, indem er diese Andersartigkeit repräsentiert, nicht das Phänomen selbst inszeniert, sondern die begehrte existenzielle Dimension (in unserem Beispiel wäre dies, die Fähigkeit zu fliegen). Andersartigkeit ist weder das Phänomen noch die Anerkennung von etwas, das zum Nicht-Selbst gehört. Andersartigkeit entsteht, wenn der Prozess der Gastfreundschaft initiiert wird oder wenn der/die Andere als ein Wesen mit einem Selbst anerkannt wird, das bedeutsam für ein dialogisches Ereignis ist. Nur nach diesem Schritt manifestiert sich Andersartigkeit, und zwar nun nicht mehr in Gestalt des/der Anderen-des-Selbst, sondern als ein dialogisches Gegenüber. An diesem Punkt kann der mimetische Prozess nicht exklusiv als Re-Präsentieren oder Re-Formulieren von Andersartigkeit stattfinden, sondern bereits zuvor als eine Entdeckung der epiphanischen Seiten des/der Anderen. In jenem Moment, in dem der/die distanzierte Beobachter_in eines fremdartigen Phänomens (die/der Andere-des-Selbst) einen Zustand der Geselligkeit mit der/dem Anderen erkennt und ihn/sie zu einem Mit-Selbst macht – während sie/er

12 Roberto Marchesini: *Epifania animale. L'oltreuomo come rivelazione*. Milano: Mimesis 2014.

sich zugleich immer vor Augen hält, dass es sich hier um eine verschiedenartige Prädikation handelt –, kann er/sie zuletzt eine_n Andere_n finden und nicht einfach ein Phänomen, nicht ein Fremdartiges. Daher können wir sagen, dass ein_e Andere_r, ein_e nicht-fremdartige_r Andere_r ist; ein_e Andere_r, der/die mit mir am Tisch sitzt; ein_e Andere_r, mit der/dem ich einen Dialog führen will.

Es wäre falsch, Andersartigkeit im Sinne der beiden Begriffe des ‚Anderen-des-Selbst' und der ‚phänomenalen Entität' zu betrachten. Andersartigkeit geht der Beziehung der Schwelle, diesem Ort, der die Naturen von Hestia (Bewillkommnung) und Hermes (Pilgerschaft) konvergieren lässt, nicht voraus. Im Moment, in dem man die agapische Situation des Mit-Selbst erkennt, wird der Vogel-im-Flug ein Gefährte, der eine andere Dimension des Seins aufzeigen kann und diese Dimension als einen möglichen und somit übersetzbaren Zustand darstellt. Das Phänomen wird zur Epiphanie, zur Verkündigung, und präsentiert sich nicht länger in Form eines Vogels, der fliegt, sondern als ein Mit-Selbst-im-Flug. In der Mimesis fällt also eine Bewillkommnung der Übermittlung mit einer Projektion in die vorausgesagte Dimension zusammen. Die Schwellenbeziehung ist daher eine unwiderstehliche Einladung der/des Anderen, eine Art Ekstase der eigenen Gewohnheit und Vertrautheit. Diese Sublimation kann im Sinne eines Schräg-Aufsteigens hin zum/zur Anderen verstanden werden, wobei sich die Schräge durch die Tatsache erklärt, dass die sich im Dialog befindlichen Wesen zwei gegensätzliche Vektoren haben. Und sie kann ebenso im Sinne eines Betretens einer anderen Dimension aufgefasst werden, das anteilig oder nicht-graduell (gasförmig-fest) vonstattengeht und vom Subjekt eine Form des Verzichts verlangt.

Nur dadurch, dass die/der Andere aus seinem Gesetz der Andersartigkeit hervorgeht, kann sie/er eine referenzielle Struktur anbieten, die uns etwas sagen kann, das uns betrifft. Diese Bedeutung war paradoxerweise seit dem Zeitpunkt verschlüsselt, als das Phänomen wegen seiner klaren Fremdartigkeit und seiner somit intrinsischen Nicht-Übersetzbarkeit verkündet wurde. Der/Die Andere als Gefährte_in, der/die das Subjekt in eine andere Dimension des Seins absorbiert und lockt, inszeniert eine Inversion des Vorgangs, indem er/sie das Subjekt auf eine gewisse Weise seiner selbst fremdartig werden lässt. Die Beziehung der Schwelle materialisiert sich: a) in Form einer Invasion, d. h. in Form einer zentripetalen Gastfreundschaft, in der das Selbst sich selbst zur Hestia macht und Andersartigkeit domestiziert, indem es sich selbst in eine neutrale Form verwandelt, die vom Anderen bewegt und von dieser Inbesitznahme in einen Rausch versetzt wird; b) in Form einer Exzentrisierung oder zentrifugalen Gastfreundschaft, die sich durch eine auf Suspendierung des Ich gründenden Fremdartigkeit auszeichnet, sodass man sich auf eine traumgleiche oder indirekte Art durch eine Distanzierung, die Reflexivität erlaubt, selbst sieht.

Die Beziehung der Schwelle bestimmt die Partizipation des Subjekts in der Andersartigkeit, die Verkörperung der Andersartigkeit im Selbst, die nur unter diesen Umständen eine Epiphanie werden kann. Konsequenterweise führt sie hinein in: a) ein Gefühl der Enteignung des Selbst oder eine Suspension der Kontrolle über bedingte Zustände, die somit ihre Vertrautheit verlieren; b) ein Gefühl des Erstaunens im Hinblick auf die unvorhersehbare und exzessive Natur dieser neuen Dimension; c) ein Gefühl des Verlusts, das nicht nur Wunderbares, sondern auch Trauma, Entsetzen und Nervenkitzel bedeuten kann; d) ein Gefühl der Unangemessenheit, der Huldigung, der Scheu, der Beklemmung, der Angst vor der Nähe und der Unerreichbarkeit, der Angst, unfähig zu sein, und zwar unfähig, den Blick aufrechtzuerhalten; e) eine Inspiration, die als ein fremdartiger Atem, ein Eintauchen in Andersartigkeit erlebt wird und die dadurch, dass sie uns eine andere Dimension zeigt, auch erlaubt, in den Zustand selbst jenseits des phänomenalen Auftauchens einzutreten, aber gleichzeitig diesen letzten Raum unbewohnbar macht. Andersartigkeit ermöglicht uns, eine Präsenz zu erleben, die alle Koordinaten der Vergangenheit neu definiert und eine neue Zukunft projizieren kann: Genau in diesem gemeinsamen Teilen kann Mimesis eine Form der Bedeutung repräsentieren. All die Rätsel, die sich um die Fähigkeit des Fliegens ranken, all die Möglichkeiten und Faszinationen, die der existenziellen Dimension innewohnen, und die erhabene Schönheit, in einer Luft-Dimension zu sein, offenbaren sich dem Menschen. Die Technik des Fliegens zu erlernen, folgt erst zu einem späteren Zeitpunkt und entwickelt sich aus einer Frage (‚Wie funktioniert Fliegen?'), die wiederum aus einem Verlangen entspringt (‚Ich will fliegen können'). Um ein Verlangen nach etwas zu spüren, muss man offensichtlich bereits in diese Dimension eingeweiht worden sein. Aus diesem Grunde ist Mimesis ein wahrhaftiger Akt der Initiation. Andersartigkeit, die sich in einer Epiphanie offenbart, realisiert diesen Prozess der Suspension und des Hineinfallens in ein Unbekanntes, das verwirrt und lockt; es gibt uns das Gefühl eines Mangels an Eitelkeit und bewirkt aber gleichzeitig und ganz gegenteilig, dass Annahmen der Hybris entstehen können. Es weist das Ich zurück und erhöht es gleichzeitig, sodass der Mimesis oder Inkorporation ermöglichende Prozess zwangsläufig diachronisch ist. Hierin liegt die Rekursivität des Erhabenen und spiegelt das wider, was Baldine Saint Girons aufgezeigt hat: „Die größte Schwierigkeit einer Philosophie des Erhabenen besteht in der zirkulären Kausalität, die es in Gang setzt“[13]. Dies geschieht, weil jede Hybridisierung das System hybridisierfähiger macht, wie ich in *Post-human* hervorgehoben habe.[14]

Mimesis und ihre Resultate: Wissen und Hybridisierung

Unter den Veränderungen, die aus einer relationalen Ontologie hervorgehen, ist vor allen Dingen der poietische Akt, der uns traditionellerweise als selbstgenügsame Errungenschaft eines reizbaren Prometheus überliefert wird. Man muss allerdings dagegenhalten, dass es keine Erfindung gibt, die nicht gefunden wurde; dass es keine Kultur gibt, die keine Repräsentation ist, und dass es keine Erschaffung gibt, die nicht das Ergebnis eines Dialogs war. Das Stereotyp des/der Erfinder_in, der/die der Welt enthoben und mithilfe eines pindarischen Zugangs zu den unerreichbaren Sphären platonischer Ideen vollkommen abgeschottet ist, stellt wieder einmal das Resultat einer nicht-relationalen Vorstellung unseres Seins dar. Im Nachhinein betrachtet, entspringt Kultur nicht aus dem, was Plotin das ‚Eine' nennt. Vielmehr ist Kultur das Resultat einer verbindenden Kreativität; eine Mimesis, die uns vom phylogenetischen Gravitätszentrum hinweg führt und eine ‚Anziehung der Welten' produziert. Wenn es das ist, was Martin Heidegger[15] mit seinem Prinzip der kreativen Macht des Menschen meinte, wer könnte da widersprechen?

Der Fehler besteht darin, dieses Erschaffen als ein solipsistisches Moment zu betrachten, das ein ontopoietisches Prädikat *ex nihilo*

13 Baldine Saint Girons: *Fiat lux: Una filosofia del sublime*. Palermo: Aesthetica 2003, S. 13.

14 Vgl. Roberto Marchesini: *Post-human. Verso nuovi modelli di esistenza*. Turin: Bollati Boringhieri 2002.

15 Martin Heidegger: *Gesamtausgabe*, Bd. 29/30: Die Grundbegriffe der Metaphysik. Welt – Endlichkeit – Einsamkeit, hrsg. v. Friedrich-Wilhelm von Herrmann. Frankfurt am Main: Klostermann 2004.

hervorbringt. Mit anderen Worten: Der Fehler liegt darin, dass der Humanismus die menschliche Dimension als autark missdeutet. Meine Forschung im Bereich der Zooanthropologie hat mir Anlass dazu gegeben, die Entstehung von Kultur als einen prädikativen Prozess zu begreifen, der aus einer tierlichen Epiphanie hervorgeht, d.h.: Ein dialogisches Ereignis dezentralisiert den Menschen und bestimmt einen neuen hybriden Zustand. Diese Epiphanie muss einerseits als ein Moment verstanden werden, in der ich als Mensch, in Verbindung mit Andersartigkeit, über das Phänomen (das Tier als Andere_r-*als*-ich-selbst) hinausgehe, zu einem epiphanischen Ereignis gelange (das Tier als Andere_r-*mit*-mir-selbst) und eine neue existenzielle Dimension entdecke. Bevor die Vögel uns zeigten, ‚wie man fliegt' – sprich: bevor sie uns Flugtechniken offenbarten –, haben sie uns nicht nur gezeigt, dass ‚man fliegen kann'. Sie haben uns auch in eine weitere Beugung der Präsenz im Hier-und-Jetzt hineingeführt. Andererseits muss der Mensch, um diese Epiphanie zu erreichen, das Phänomen überschreiten, indem er sich projiziert und mit dem Körper des Vogels hybridisiert.

Für die Zooanthropologie[16] sind die Archetypen menschlicher Kultur – um nur ein paar zu nennen: die Bereiche des Tanzes, der Musik, der Kosmetik, der Mode, der Technopoiesis, der Rituale – nicht Ergebnisse der Emanation menschlicher Genialität, sondern epiphanische Resultate der Relation zwischen heterospezifischen Wesen. Traditionen verfolgten autonome Pfade, aber diese archetypischen Erscheinungen sind hybride Produkte: Die menschliche Musik beispielsweise konnte tatsächlich erst dann entstehen, als man ein Wissen über die Harmonien und Ausdrucksweisen von Finken besaß. Wie ich angedeutet habe, ist der erste Schrei der Kultur ein Prozess, der auf der Epiphanie des „Tier-werdens"[17] beruht. Indem er die existenzielle Gestalt eines heterospezifischen Wesens annimmt, wird der Mensch im Hinblick auf sein phylogenetisches Erbe in eine ex-zentrische Position projiziert. Dies ist ein Fall von Anthropo-Dezentralisierung.

Aber Vorsicht ist geboten: Dieses Tier-werden entspricht nicht dem Bild einer Erbregression, wie es von der Literatur des späten 19. Jahrhunderts

16 Marchesini: *Epifania animale*; ders.: Knowledge and Different Levels of Reality. In: *Reading Philosophy* 2 (2014), S. 53–64.

17 Gilles Deleuze / Félix Guattari: *Tausend Plateaus. Kapitalismus und Schizophrenie*, aus d. Franz. v. Gabriele Ricke / Ronald Voullié. Berlin: Merve 1997; David Abram: *Becoming Animal: An Earthly Cosmology*. New York: Pantheon 2010.

oder von Cesare Lombrosos Physiognomiestudien nahegelegt wurde. Tier-werden ist in der Zooanthropologie das Gegenteil der narrativen Topoi, die das Wesen diverser Figuren *à la* Kurtz oder Mr. Hyde begründen. Es ist ein fortlaufender und nicht-regressiver Prozess, der auch nicht als ein Akt bloßer Imitation missverstanden werden darf. Epiphanie erinnert eher an eine Projektion in tierliche Andersartigkeit hinein oder an einen Akt der Inbesitznahme, sodass der darauf folgende morphologische Pastiche eher einer Performance als einer simplen mimetischen Übersetzung ähnelt. Die dialogische Bedeutung dieser prädikativen Dimensionierung wird also hier ganz deutlich, während die *Conditio humana* für gewöhnlich als Erhöhung und Disjunktion erfasst wird.

Kultur ist demnach kein autarkes Produkt und sie entfernt Menschen auch nicht vom kreativ-relationalen Magma des *bios*. Ganz im Gegenteil: Kultur ist das Ergebnis der Neigung unseres Taxons, inklusive Beziehungen mit Andersartigkeit aufzubauen. Das bedeutet, dass der kulturelle Akt die menschliche Natur nicht negiert, sondern sie vielmehr realisiert, wenngleich auf eine hybridisierende Art und Weise – und nicht durch eine simple Übersetzung, wie die soziobiologische Tradition es sich vorstellt. Kultur produziert auch eine stärkere Verbindung mit heterospezifischen Wesen, weil sie die Verbindungsglieder verdoppelt. Gemäß einer solchen Perspektive sind es geteilte phylogenetische Merkmale, die uns mit anderen Spezies verbinden, und zwar entlang der drei traditionellen Vektoren, die da sind: a) biologische allgemeine Eigenschaften, die durch physikalische und chemische Gesetze des Planeten bedingt sind; b) Homologien oder Ähnlichkeiten, die sich aus gemeinsamer Verwandtschaft ergeben; c) Analogien oder Ähnlichkeiten, die aus anpassungsbedingter Konvergenz resultieren – aber auch kulturelle Ähnlichkeiten, die das Ergebnis des Tier-werdens sind, das die *Conditio humana* grundiert.

Wenn man Andersartigkeit als Epiphanie begreift und nicht einfach als ein phänomenales Gegenstück, zeigt sich uns also, dass es unmöglich ist, den Menschen zu verstehen, indem man ihn aus seinen Beziehungen mit den Nichtmenschlichen herausgreift. Neben den Prädikaten, die man dem allgemeinen Umstand zurechnen kann, dass wir Tiere sind, verbinden uns mit anderen Spezies auch noch hybride Prädikate, die nun tief in der *Conditio humana* verwurzelt sind. Wenn Francesco Remotti von ‚Anthropo-poiesis' spricht,[18] betont er damit

18 Francesco Remotti (Hrsg.): *Forme di umanità*. Mailand: Mondadori 1999.

eine Dimensionierung, die nicht exklusiv ontogenetisch ist, sondern den zentrifugalen Charakter annimmt, den bereits Helmuth Plessner bemerkt hatte.[19] Zum anderen erkennt dieses Sein außerhalb eines Zentrums externe Beiträge an. Dieses Sein ist ein Exzess, der nicht zulässt, dass man die Prädikate der Menschheit mit der direkten Herkunft aus phylogenetischem Gehalt erklärt. Es ist in Wirklichkeit ein Dialog, der offen für die Introjektion nichtmenschlicher Inhalte ist. Das bedeutet, dass heterospezifische Wesen eine grundlegende Ko-Faktorialität besitzen, und zwar nicht nur aufgrund ihres natürlichen Erbes, sondern auch, weil sie an der kulturellen *Kosmopolis* teilhaben.

In dieser Hinsicht ist es notwendig, einen posthumanistischen Ansatz zu ergreifen. Die humanistische Annahme des Menschen *iuxta propria principia* – gemäß den eigenen Prinzipien – muss revidiert werden. Es ist kaum zu leugnen, dass dieses Bewusstsein zu neuen poietischen Formen und neuen Erfahrungen des Erhabenen anregen wird, allerdings ohne zu behaupten, diese Formen und Erfahrungen von Grund auf neu zu erschaffen. Genauso wie das Unendliche schon vor der Kopernikanischen Revolution vorhanden war, ist auch Hybridisierung immer schon Teil der menschlichen Erfahrung gewesen und nicht das Ergebnis infiltrativer Technologien. Wir sind immer schon Hybride gewesen, schon bevor unsere Vorfahren die morphopoietische Schwelle verhandelt haben, indem sie Feuerstein bearbeiteten und die Architektur des Schädels sich umgestaltete.

Die disjunktive Logik hingegen behauptet, Identität durch Opposition aufzubauen und verleugnet dabei alles, was geteilt wird. Aber sobald wir das Ende des Humanismus anerkennen, begreifen wir, dass *Dasein* keine Distanzierung von der Welt ist, sondern in einer phänomenologischen gemeinsamen Natur aufgeht. Eine relationale Perspektive einzunehmen, bedeutet notwendigerweise, dass man Souveränität nicht aufgibt, sondern vielmehr eingesteht, dass sie schon immer eine Illusion gewesen ist. In seliger Unwissenheit segeln wir gedankenlos, ohne ein bestimmtes Ziel, durch die Welt. Vom anthropozentrischen Podest herunterzusteigen, heißt aber, dass wir uns starker über die Dynamiken bewusst werden, die auf uns einwirken. Es ließe sich argumentieren, dass die anthropozentrische Perspektive, die hartnäckig die Augen gegenüber relationalen Prozessen verschließt, die größte Gefahr des Menschen, das ‚schwarze Loch' des Planeten, darstellt.

19 Vgl. Helmuth Plessner: *Lachen und Weinen. Eine Untersuchung nach den Grenzen menschlichen Verhaltens.* Arnhem: Van Loghum Slaterus 1941.

Dass wir unsere relationale Verfassung akzeptieren, meint andererseits nicht, dass wir einfach unser Bewusstsein erhöhen. Vielmehr bedeutet es, dass wir unsere Fähigkeit, wahrhaftig zu leben, befreien, und zwar indem wir unseren Kontrollwahn aufgeben. Alles wäre so viel leichter, wenn wir endlich akzeptieren würden, dass wir nicht allein sind.

Aus dem Englischen von Frederike Middelhoff

Diesseits des Tiers

Ein Kommentar zur Mimesis bei Adorno

André Krebber

Wie jede Begrifflichkeit erfährt auch jene der Mimesis eine eigensinnige Wendung bei Theodor W. Adorno. In archaischen Zeiten sei sie eine Art des Verhaltens gewesen, die objektive Welt zu imitieren, um als Werkzeug der Selbsterhaltung zu fungieren: „Die Riten des Schamanen wandten sich an den Wind, den Regen, die Schlange draußen oder den Dämon im Kranken [...] Der Zauberer macht sich Dämonen ähnlich; um sie zu erschrecken oder zu besänftigen, gebärdet er sich schreckhaft oder sanft."[1] „Der Schamane bannt das Gefährliche durch dessen Bild. Gleichheit ist sein Mittel."[2] Im 20. Jahrhundert, in dem das Vermögen zur Mimesis solch mythologisch-magische Notwendigkeit aufgrund der technologischen Möglichkeiten zur materiellen Zurichtung der Welt verloren hat, findet sie Zuflucht in der Kunst. Gleichzeitig stellt sie selbst einen Rückzugsort der Fähigkeit dar, einem Objekt sich anzugleichen.[3] Dieser Wandel enthebt Mimesis heute dem ihr innewohnenden herrschaftlichen Moment. Ihre Grundlagen hat sie dabei für Adorno in der Sphäre des Sensorischen, Emotionalen und Imaginären, dem Irrationalen und Unbewussten. In der Tat stelle das mimetische Vermögen die Vorgestalt des Geistes dar, die in die körperliche Existenz der frühen Menschen überging; „Mimesis ist in der Kunst das Vorgeistige, dem Geist Konträre und wiederum das, woran er entflammt."[4] Damit steht sie laut Adorno für das Anerkennen und Ernstnehmen sensorischer, emotionaler, subjektiver Regungen im Verhältnis zu einem Objekt. Sie zielt nicht, wie wissenschaftlich-rationale Erkenntnis, auf die Imitation oder Duplikation der Objektivität eines

1 Theodor W. Adorno / Max Horkheimer: *Dialektik der Aufklärung: Philosophische Fragmente*. Frankfurt am Main: Suhrkamp 1981, S. 25–26.

2 Ebd., S. 33.

3 Theodor W. Adorno: *Ästhetische Theorie*. Frankfurt am Main: Suhrkamp 1973, S. 86.

4 Ebd., S. 180.

Objekts, auf seine Reproduzierbarkeit, sondern geht ein auf dessen partikulare, inhärente, einzigartige Qualitäten. Mimesis beschreibt damit eine Subjekt-Objekt-Beziehung, die nicht versucht, ein Objekt intellektuell und in seiner materiellen Anwesenheit zu fixieren und festzusetzen, sondern in der das Subjekt sich durch mimetisches Verhalten über das konzeptuell Registrierbare hinaus in das Objekt versenkt.[5] Darin aber wird das feste Gegenüber von Subjekt und Objekt als eine Stellung zur Realität, wie sie sich als charakteristisch für das positivistische Wissenschaftsverständnis erweist und in der das Subjekt zu einem quasi Protokollierenden mess- und eindeutig bestimmbarer Datenpunkte wird, verflüssigt.[6]

In dieser Form weist Gunzelin Schmid Noerr Adornos Mimesis aus als „Grenzbegriff des Rationalen des Begrifflichen selbst, dessen materialistischer Widerpart,“[7] der einen Rückzugsort darstellt für das Eigensinnige an Objekten, das in Begriffen nicht aufgeht, sowie ein Potenzial, die Stimme von Objekten zu hören, ohne sie den Interessen des Subjekts unterzuordnen. Konzeptuell erweist sie sich darin allerdings als nicht fixierbar, sondern stellt selber einen Grenzbereich konzeptueller Erkenntnis dar und manifestiert einzig sich in konkreter Erfahrung: „Mimesis is the affinity of subject and object as it is felt in one's knees on seeing someone else stumble on theirs“[8], versinnbildlicht Robert Hullot-Kentor diesen Zusammenhang. Als Stellung der Realität gegenüber steht die mimetische Verhaltensweise dabei auf der einen Seite eben für die Erfahrung von Nichtidentität (eine Potenzialität des Objekts, etwas anderes zu sein als zu einem fixen Zeitpunkt an einem spezifischen Ort) und verweist auf jenes in der Erkenntnis, was nicht eingeht in den Begriff. Rationale Logik hat dieses Moment im Laufe voranschreitender Aufklärung unterdrückt, da es eine Erinnerung dessen darstellt, was Denken nicht in der Lage ist zu identifizieren;

5 Vgl. Gunzelin Schmid Noerr: *Das Eingedenken der Natur im Subjekt: Zur Dialektik von Vernunft und Natur in der Kritischen Theorie Horkheimers, Adornos und Marcuses*. Darmstadt: WBG 1990, S. 51, 147; Myung-Woo Nho: *Die Schönberg-Deutung Adornos und die Dialektik der Aufklärung: Musik in und jenseits der Dialektik der Aufklärung*. Marburg: Tectum 2001, S. 75–76.

6 Adorno: *Ästhetische Theorie*, S. 169.

7 Schmid Noerr: *Eingedenken der Natur*, S. 147.

8 Robert Hullot-Kentor: Suggested Reading: Jameson on Adorno. In: Ders.: *Things Beyond Resemblance: Collected Essays on Theodor W. Adorno*. New York: Columbia UP 2006, S. 220–233, hier S. 228.

zugleich kann es dabei jedoch nicht überwunden werden.[9] Auf der anderen Seite stellt Mimesis eine Chiffre, einen Platzhalter für eben dieses Nichtidentische der materialen Realität dar. Steht sie damit für eine Erfahrung der Welt jenseits der Zwecke des Subjekts, in welcher das erkennende Subjekt sich in den Dienst des Ausdrucksvermögens des Objekts stellt, ist damit allerdings keine unvermittelte Erkenntnis gemeint. Im Gegenteil ist sie durch das Subjekt hindurch maximale Vermitteltheit von Objektivem.

Darin ist weder jemals der Versuch erfolgreich, einem Anderen sich anzuverwandeln oder gar identisch zu machen; die Assimilation bleibt zwangsläufig unvollständig und damit Schein statt Herstellung von Identität. Noch ist Mimesis Erkenntnis selbst. Wenngleich sie in der Lage ist, Realität an-sich-selbst und jenseits eines Sinns und Interesse für das erkennende Subjekt wahrzunehmen, bedarf es laut Adorno der künstlerischen Vermittlung, um den über das Konzeptuelle hinausreichenden epistemischen Gehalt mimetischen Verhaltens auszudrücken.[10] Achtet das ästhetische Verhalten den mimetischen Impuls, folgt das künstlerische Subjekt nun aber der Logik des Materials. Indem es ihm sich anverwandelt und durch den ästhetischen Konstruktionsprozess diese Erfahrung im Kunstwerk objektiviert, realisiert es dessen Eigensinn. Über den Erfolg ist damit gleichwohl noch nichts gesagt.

> Vorkünstlerische Erfahrung bedarf der Projektion, die ästhetische aber ist, eben um des apriorischen Vorrangs von Subjektivität in ihr, Gegenbewegung zum Subjekt. Sie verlangt etwas wie Selbstverneinung des Betrachtenden, seine Fähigkeit, auf das anzusprechen oder dessen gewahr zu werden, was die ästhetischen Objekte von sich aus sagen und verschweigen.[11]

Zum Vorschein kommt diese Stimme im ästhetischen Ausdruck der Kunstwerke, der „Vergegenständlichung des Ungegenständlichen [ist], und zwar derart, daß es durch seine Vergegenständlichung zum zweiten Ungegenständlichen wird, zu dem, was aus dem Artefakt spricht, nicht als Imitation des Subjekts.“[12] Zur selben Zeit, zu der ein_e Künstler_in nun aber den Eigensinn des Materials im Kunstwerk durchsetzt, wird der materialen Heterogenität und Vielschichtigkeit in

9 Adorno / Horkheimer: *Dialektik der Aufklärung*, S. 31–33.

10 Adorno: *Ästhetische Theorie*, S. 169–170.

11 Ebd., S. 514.

12 Ebd., S. 170.

ihrer Zusammenführung zum Kunstwerk künstlich eine Einheit aufgezwungen. Innerhalb dieser Transformation erhält das Kunstwerk seinen Ausdruck und seine Bedeutung, allerdings nicht durch einen Akt der Sinngebung und damit einer konzeptuellen Bestimmung. So versuchen Autor_innen „seit Joyce, die diskursive Sprache außer Aktion zu setzen oder wenigstens den Formkategorien bis zur Unkenntlichkeit der Konstruktion unterzuordnen", mit dem Bemühen „um die Verwandlung der kommunikativen Sprache in eine mimetische."[13] Stattdessen findet ein Akt der Rekonstruktion von Ähnlichkeit durch eine Formsprache statt, der den Ausdruck des Kunstwerks mimetisch derjenigen Erfahrung des Künstlers oder der Künstlerin anpasst, die er oder sie an den Elementen, Materialien und Situationen gemacht hat und welche das reflexive Material künstlerischer Produktion darstellt.

> Solche Mimesis ist das Ideal von Kunst, nicht ihre praktische Verfahrungsweise, auch keine auf Ausdruckscharaktere gerichtete Attitude. Vom Künstler geht in die Expression die Mimik ein, die das Ausgedrückte in ihm entbindet [...] Dessen [des Ausdrucks, AK] Inbegriff ist der Sprachcharakter der Kunst, grundverschieden von Sprache als ihrem Medium. [...] Etruskische Krüge in der Villa Giulia sind sprechend im höchsten Maß und aller mitteilenden Sprache inkommensurabel. Die wahre Sprache der Kunst ist sprachlos, ihr sprachloses Moment hat den Vorrang vor dem signifikativen der Dichtung, das auch der Musik nicht ganz abgeht. Das Sprachähnliche an den Vasen berührt sich am ehesten mit einem Da bin ich oder Das bin ich, einer Selbstheit, die nicht erst durchs identifizierende Denken aus der Interdependenz des Seienden herausgeschnitten ward. So scheint ein Nashorn, das stumme Tier, zu sagen: ich bin ein Nashorn.[14]

So wie jedes empirische Nashorn immer und unvermeidlich sowohl ein (mit sich selbst und anderen) nichtidentisches Individuum *und gleichzeitig* Vertreter_in einer Spezies ist, mit der es generelle Gemeinsamkeiten teilt,[15] so erlaubt die Mimesis des Kunstwerks die in Spannung gehaltene ideelle Realisierung des Allgemeinen durch das Partikulare, ohne das eine dem anderen unterzuordnen. Darin bleibt das individuelle Kunstwerk (trotz seiner Identifizierung zu einem zusammenhängenden, abgeschlossenen Objekt) in sich nichtidentisch.[16] Wie ein Nashorn sich seine Einzigartigkeit durch seine Spezies hindurch behauptet, schreibt Einzigartigkeit sich auch dem Kunstwerk ein.

13 Adorno: *Ästhetische Theorie*, S. 171.

14 Ebd., S. 171–172.

15 Vgl. Gerhard Kaiser: *Benjamin. Adorno. Zwei Studien*. Frankfurt am Main: Athenäum / Fischer 1974, S. 138.

16 Adorno: *Ästhetische Theorie*, S. 202.

Obgleich das Ineinandergreifen von Mimesis, ästhetischem Verhalten und Formensprache der Kunst die Erkenntnis durch die Einbindung des Partikularen, Individuellen über die Grenzen begrifflich-identifizierenden Denkens hinaus erweitert, bestimmt der Gegenstand der Ästhetik sich jedoch „als unbestimmbar, negativ."[17] Kunstwerke schließen die dialektische Spannung zwischen Partikularem und Allgemeinem in sich ein. Deren Wechselverhältnis ist jedoch in Kunstwerken notgedrungen in einer Spannung stillgestellt.[18] Um ihren Erkenntnisgehalt einzulösen und zu verwirklichen, „bedarf Kunst der Philosophie, die sie interpretiert, um zu sagen, was sie nicht sagen kann, während es doch nur von Kunst gesagt werden kann, indem sie es nicht sagt."[19] Kunstwerke sind auf kritisch-konzeptuelles, theoretisches Denken angewiesen, das durch kontemplative und spekulierende Interpretation die Dialektik zwischen Partikularem und Allgemeinem wieder in Bewegung setzt, weitertreibt und so das in ihnen aufbewahrte Wissen aus ihnen herausliest.

Diesen Ausführungen haftet freilich etwas gebrochen Konstruiertes an. Adorno geht es kaum um eine Theorie objektiver Erkenntnis, und auch wollte er Kunst nicht wissenschaftlich-epistemologisch einspannen. Als nützlich erweist Kunst sich bei Adorno nur und gerade weil sie unnütz ist. Schon gar nicht dienen Kunstwerke der Erkenntnis von Objekten, etwa von Natur. Stattdessen äußert Objektives sich in ihnen. Dennoch deuten sich ausgehend von Adornos Überlegungen zur Mimesis zwei zentrale Anknüpfungspunkte für gegenwärtige Bemühungen an, einer anthropozentrischen Vereinnahmung des Tiers etwas entgegenzusetzen. Der ästhetische Formgebungsprozess erweist sich bei Adorno als ein Erkenntnis- und Vermittlungsvorgang, welcher Künstler_innen in die Lage versetzt, dem Eigensinn des Objektiven im und durch ihr mimetisch-ästhetisches Verhalten auf die Spur zu kommen und diesen zu vermitteln, ohne ihn zuzurichten – und zwar sowohl, indem der Formgebungsprozess der Nichtidentität des Objektiven zu Erkenntnis (und Anerkennung) verhilft, als auch in ihrer Fähigkeit, dies Nichtidentische in Kunstwerken zu objektivieren, indem in ihnen Allgemeines und Partikulares versöhnt werden

17 Ebd., S. 113.

18 Gerhard Schweppenhäuser: *Theodor W. Adorno zur Einführung*. Hamburg: Junius 2003, S. 68.

19 Ebd.

kann und ihr Ausdruck uneindeutig bleibt. In ihrem nicht-identischen Verflechten von partikularen und allgemeinen Einsichten durch die Verwendung von Formen wird das epistemologische Verhältnis zwischen erkennendem Subjekt und erkanntem Objekt dabei in „prekärer Balance“[20] gehalten, ohne das eine über und vor das andere zu stellen.[21] Solch eine ästhetische Rationalität vermag dem Nichtidentischen, oder Objekten als nichtidentischem, nichtkonzeptuell zum Ausdruck zu verhelfen, indem ästhetisches Verhalten sich dem Objekt anbildet, „anstatt es sich untertan zu machen.“[22] Ins Blickfeld rückt hier ein durch Mimesis und ästhetisches Verhalten vermittelter Zugang zur Welt, der nicht-anthropozentrische Erkenntnismomente aktivieren mag. Zu prüfen wäre, anschließend an Adorno, ob jener sich, frei jeden Kunstanspruchs, als zoologischer Erkenntniszugang ausgestalten ließe. Mehr noch allerdings wäre nicht-anthropozentrischen Erfahrungsmomenten von Tieren in gegenwärtigen Kunstwerken durch philosophische Kritik und Interpretation nachzuspüren. Hier verspricht der Eigensinn von Tieren dann, eher als in den Naturwissenschaften, frei gelegt zu werden.

20 Schweppenhäuser: *Theodor W. Adorno zur Einführung*, S. 249.

21 Andreas Pradler: *Das monadische Kunstwerk: Adornos Monadenkonzeption und ihr ideengeschichtlicher Hintergrund*. Würzburg: Königshausen & Neumann 2003, S. 176–178.

22 Adorno: *Ästhetische Theorie*, S. 490.

Fliegen und Spinnen

Die Fliege an der Wand

Von illusionistischen Insekten und dem kontemplativen Mehrwert der getäuschten Sinne

Miriam Hoffmann / Susanne Schwertfeger

Nicht nur im Tier- und Pflanzenreich versteht man sich darauf, das Gegenüber durch Mimikry oder Mimese in die Irre zu führen. Der häufig zitierte antike Künstlerwettstreit zwischen Parrhasios und Zeuxis zeigt, wie durch technische Finesse und gelungene Antizipation der Sehgewohnheiten des Betrachters selbst vernunftbegabte Menschen durch eine gemalte Täuschung (Trompe-l'œil) hinters Licht geführt werden können:[1] Nachdem es Zeuxis gelungen war, mit seinem Gemälde von saftigen Trauben die Vögel der Umgebung anzulocken, war er nun neugierig, womit sein Kontrahent Parrhasios diese Könnerschaft überbieten wollte. Ungeduldig versuchte er, den Vorhang vor dem Bild seines Rivalen zu lüften, um dabei festzustellen, dass der Stoff selbst ‚nur' gemalt war – und im Anschluss seine Niederlage einzugestehen. In dieser Überlieferung manifestiert sich der aristotelische Leitsatz „ars imitatur naturam"[2], der bis ins Mittelalter die Mimesis nicht nur als oberste Aufgabe, sondern als eigentliches Wesen der Kunst ansah. Parrhasios radikalisiert diesen Ansatz mit seinem künstlerischen Beitrag noch. Er formuliert sein Motiv nicht als ein naturalistisches Abbild eines Behangs, sondern intendiert dessen Rezeption als tatsächlichen Vorhang innerhalb der Realität des Betrachters.[3] Über die erfolgreiche Negierung der ästhetischen Grenze, die unsichtbar Bild- von Betrachterwelt trennt, wird in zahlreichen weiteren Künstleranekdoten berichtet. Solchen Quellen ist mit Vorsicht zu begegnen, sie

1 C. Plinius Secundus d. Ä.: *Naturalis Historiae Libri XXXVII*, hrsg. v. Roderich König. Düsseldorf: Artemis & Winkler 2007, Bd. 35, S. 57–59.

2 Dt.: „Die Kunst imitiert die Natur." (Aristoteles: *Werke in deutscher Übersetzung*, Bd. 5: Poetik, hrsg. v. Arbogast Schmitt. Darmstadt: WBG 2008, S. 3.)

3 Um die Lesbarkeit des Beitrags zu vereinfachen, wird auf die zusätzliche Wiedergabe der weiblichen Form verzichtet. Wir möchten deshalb darauf hinweisen, dass die ausschließliche Verwendung der männlichen Form explizit als geschlechtsunabhängig verstanden werden soll.

stellen keine authentischen Erlebnisberichte dar, sondern dienen vor allem einer nachträglichen Bewertung von Künstlerpersönlichkeiten. Auf die Bedeutung der Anekdoten für die Geschichte der Trompe-l'œil-Malerei verweist Sybille Ebert-Schifferer:

> These [...] anecdotes are extremely significant for the history of trompe l'œil, even though they refer not to a specific genre but rather to the degree of mimesis or imitation of nature that painting could ultimately achieve.[4]

In ihrem Repertoire rhetorischer Topoi fungieren die Episoden zur illusionistischen Malerei vor allem als affirmatives Zeugnis oder Vorausdeutung von Meisterschaft. So schildert Giorgio Vasari, dass Cimabue vergeblich versuchte, eine von seinem jungen Schüler Giotto gezeichnete Fliege von seiner Leinwand zu verscheuchen.[5] Und Michelangelo soll über eine Spinne, die sich nach einem Besuch von Albrecht Dürer in seinem Atelier plötzlich mitten auf der Stirn eines gemalten Engels ‚niedergelassen' hatte und partout nicht verscheuchen ließ, so in Wut geraten sein, dass er daraufhin alle Zeichnungen, die er von dem Nürnberger besaß, zerriss.[6]

Die gemalte Mimesis

Die Gattung des Trompe-l'œil (franz.: das Auge täuschend) gibt es bereits seit der Antike, und sie erlebte ihren Höhepunkt vor allem in der Renaissance und dem Barock. Hier wird in unterschiedlichem Ausmaß und mit vielfältigen Mitteln die Auflösung der ästhetischen Grenze thematisiert. Anstelle eines gemalten Abbilds auf einem

4 Sybille Ebert-Schifferer: The Underestimated Trick. In: Dies. (Hrsg.): *Deceptions and Illusions. Five Centuries of Trompe l'Œil Painting.* Washington: National Gallery of Art 2002, S. 17–37, hier S. 19.

5 Giorgio Vasari: *Das Leben des Cimabue, des Giotto und des Pietro Cavallini,* aus d. Ital. v. Victoria Lorini. Berlin: Wagenbach 2015, S. 94.

6 Ernst Kris / Otto Kurz: *Die Legende von Künstler. Ein geschichtlicher Versuch.* Frankfurt am Main: Suhrkamp 1980, S. 30. Die kunsthistorische Forschung ist sich uneins, ob auf sich auf Dürers *Rosenkranzaltar* (1506) ursprünglich auch eine solche illusionistische Fliege befand. Sie ist heute nur noch durch Kopien des Werks überliefert. Eine im Zuge der Restaurierung aus der Mitte des 19. Jahrhunderts ‚ergänzte' Fliege wurde inzwischen wieder entfernt. Zur Diskussion vgl. u. a. Arpad Weixlgärtner: Die Fliege auf dem Rosenkranzfest. In: *Mitteilungen der Gesellschaft für Vervielfältigende Kunst* 1 (1928), S. 20–22; Olga Kotková (Hrsg.): *Albrecht Dürer. The Feast of the Rose Garlands 1506–2006.* Ausstellungskatalog Nationalgalerie Prag. Prag: Národní Galerie 2006.

Bildträger erscheinen das gesamte Motiv oder Teile davon als reale Exemplare ihrer jeweiligen Vorbilder. Die Spielarten reichen hierbei von wandfüllender illusionistischer Erweiterung eines Raums bis hin zu eben jenen kleinen Insekten. Damit eine solche Augentäuschung (kurzfristig) zustande kommt, bedarf es allerdings nicht nur künstlerischer Finesse. Um Irritationen in der Betrachtung, die eine kritische Analyse der Darstellung und vorschnelle Entdeckung zur Folge haben könnten, entgegenzuwirken, sollten die in Trompe-l'œil-Manier ausgeführten Elemente am gezeigten Ort möglich sein – dies trifft auf den Vorhang des Parrhasios zu, und erst recht auf die Fliege. Dieses in der Lebenswelt omnipräsente Insekt eignet sich besonders als Grenzgängerin zwischen der Realität einerseits und der Fiktion der Kunst andererseits. Das Vorkommen der Stubenfliege (lat. *musca domestica*) lässt sich weltweit belegen, sie ist in menschlicher und tierischer Nähe zu finden, in offenen und geschlossenen Räumen. Dank ihrer Fähigkeit, auch an senkrechten Flächen zu verweilen, verwundert ihre Platzierung auf Gemälden nicht. Lange Zeit verharrt sie regungslos an einem Ort, besonders renitente Exemplare widersetzen sich sogar den Versuchen, sie zu verscheuchen. Insekten sind zudem ausreichend klein, um als nur geringe Erhebung mit minimalem, starrem Schlagschatten ‚auf' dem vermeintlichen Untergrund abgebildet zu werden. Vor allem durch die Größenrelation zum übrigen Motiv können sie als außerbildliche Objekte wahrgenommen werden. So bleibt die Täuschung unentdeckt, bis eine Prüfung aus kurzer Distanz oder allzu viele erfolglose Versuche, das Tier zu verjagen, die Illusion beenden. Tatsächlich ist dies jedoch ein notwendiger Akt. Nur wenn die Täuschung entdeckt wird, kann die durch sie zusätzlich eingezogene Rezeptionsebene erschlossen werden.[7] Doch worin besteht diese? Die einschlägige Literatur zum Thema betont vor allem die handwerkliche Meisterschaft, die – wie schon bei Parrhasios – zum Ruhm des Malers beiträgt. Darüber hinaus kann ein solches Element zur Diskussion vor dem Gemälde dienen.[8] Wie auch in der angewandten Emblematik, bei der mögliche

7 Susanne Schwertfeger: *Das niederländische Trompe-l'œil. Studien zu Motivation und Ausdruck.* http://macau.uni-kiel.de/receive/dissertation_diss_00001807 (Zugriff am 29.10.2016), S. 18–19, 33–34.

8 Hieraus mag sich auch die Haltung zum Gemälde verändern: Der Eingeweihte steht nun quasi in Komplizenschaft und ist dem arglosen Betrachter in seiner Kenntnis um die Täuschung voraus.

Sinngehalte der gegebenen Text-Bild-Kombinatorik erörtert wurden, bietet das Trompe-l'œil Anlass zur Reflektion und Gespräch. Es führt dem Betrachter u. a. vor Augen, wie wenig er seinen Sinnen trauen kann, und dies auf humorvolle Art und Weise.[9] Gerade dieser humorvolle Aspekt sowie die Tatsache, dass sich quasi ein ‚Erfolg' des Illusionismus messen lässt, hat häufig eine auf diese beiden Punkte eingeschränkte Analyse der Werke zur Folge. Der vorliegende Beitrag argumentiert entgegen der tradierten Auffassung, die illusionistischen Elemente würden vorrangig als handwerkliche Spielerei und zur Erheiterung eingesetzt. Dabei soll vor allem die Ansprache des Betrachters am Beispiel der illusionistischen Insekten in den Blick genommen werden. Dieser rezeptionsästhetische Ansatz[10] erscheint umso sinnvoller, als dass die Gattung bereits in Struktur und Anlage der Motive sowie deren Ausführung den Betrachter vorwegnehmen muss.

Vom Naturalismus zum Illusionismus

Parallel zum erwachenden Interesse an der Naturerforschung und der zunehmenden naturalistischen Darstellung in der Malerei konnte sich das Fliegenmotiv im Spätmittelalter europaweit etablieren. Sowohl in der italienischen Malerei des 15. Jahrhunderts als auch in der niederländischen Tafelmalerei erfährt das kleine Insekt eine bemerkenswerte Bildwürdigkeit. Als Trompe-l'œil-Motive wurden auch Spinnen oder Schmetterlinge verwendet, die jedoch seltener zu finden sind.[11] Unabhängig von profanen und sakralen Motiven entdeckt man die Fliege gleichermaßen auf Retabeln als auch in Porträts. Dies ist umso bemerkenswerter, da sowohl der Kreis der Rezipienten und als auch der der

9 Rudolf M. Dekker: *Humor in Dutch Culture of the Golden Age*. Basingstoke: Palgrave 2001, S. 8–9. Die Reflektion über die Unzulänglichkeit der eigenen Sinne wird dem Betrachter vor Augen geführt – allerdings in einem Kontext ohne wirkliche Konsequenzen, da sie lediglich aufgrund einer Bildbetrachtung und anhand eines profanen Insekts ausgelöst wird. Dieser Prozess erinnert an das Konzept des Sublimen, in dem die Konfrontation mit dem z. B. Unermesslichen oder Bedrohlichen durch die Rezeption über eine rein mediale Vermittlung über die Literatur oder die bildende Kunst in eine positive und erhebende ästhetische Erfahrung gewandelt wird.

10 Wolfgang Kemp: Kunstwerk und Betrachter: Der rezeptionsästhetische Ansatz. In: Hans Belting / Wolfgang Kemp / Willibald Sauerländer (Hrsg.): *Kunstgeschichte – Eine Einführung*. Berlin: Reimer 1986, S. 240–275.

11 Anne-Marie Lecoq: Die Augen täuschen, sagen sie. In: Patrick Mauriès (Hrsg.): *Trompe-l'œil. Das getäuschte Auge*. Köln: DuMont 1998, S. 136–144.

Aufstellungssituationen nicht unterschiedlicher sein könnten. Ein Porträt wie das einer Frau von einem unbekannten schwäbischen Meister (um 1480), auf dem sich eine Fliege auf ihrer Haube niedergelassen hat, wird in einem privaten oder halb-privaten Bereich gehangen haben, in dem sich der Betrachter dem Bild auf wenige Zentimeter nähern konnte.[12] Das Insekt auf dem Hochaltarretabel Bernt Notkes im Dom zu Århus (1479) wird nur von wenigen Geistlichen, die den liturgischen Dienst versahen, bemerkt worden sein.[13]

Eines der bekanntesten Beispiele des Spätmittelalters für die illusionistische Fliege ist das *Porträt eines Kartäusermönches* (1446) von Petrus Christus. Aufgrund des einfarbigen Habits und des monochromen Hintergrunds könnte sich der Betrachter ganz auf das ausdrucksstarke Gesicht und den eindringlichen Blick des Porträtierten konzentrieren, säße da nicht im Bildvordergrund eine Fliege. Das Besondere an dem Insekt ist seine Positionierung auf einem in Trompe-l'œil-Manier gemalten Rahmen. Hier wird dem eigentlichen Motiv eine weitere Ebene vorgelagert, die als Realität suggeriert wird. Ihre irritierend prominente Platzierung in der ansonsten auf die asketische Schlichtheit des Kartäuserordens referierenden Ästhetik fordert zur Deutung geradezu heraus. Denkbar ist eine attributive Lesart, wie sie die Gegenstände auf zeitgleichen Porträts, ebenfalls aus dem niederländischen Raum, aufweisen.[14]

Die Fliege könnte beispielsweise eine genealogische oder heraldische Andeutung darstellen.[15] Über den individuellen Verweischarakter hinaus evozieren Fliegen auch eine emblematisch-symbolische

12 Omar Calabrese: *L'art du Trompe-l'œil.* Paris: Citadelles & Mazenod 2010, Abb. 103.

13 Vgl. Erik Moltke: *Bernt Notkes Altertavle i Århus Domkirke og Tallinntavlen II.* Kopenhagen: Gads 1970, Abb. 12.

14 Als Beispiel sei das *Porträt des Goldschmiedes Jan de Leeuw* (1436) von Jan van Eyck genannt, auf dem der Goldschmied einen Ring als Attribut für seinen Beruf in den Händen hält (Kunsthistorisches Museum Wien; vgl. Till Holger Borchert: *Van Eyck*. Köln: Taschen 2008, S. 40).

15 Diese Auflösung der Konnotation im Kontext des Porträts ist jedoch ohne nähere Kenntnis des biographischen Hintergrunds des Dargestellten nicht möglich. Einen Bezug zur malerischen Könnerschaft stellt der Künstler hier in jedem Fall durch die illusionistische Signatur her, die sich in unmittelbarer Nähe zum Insekt auf dem gemalten Rahmen ‚eingeritzt' findet. Dieser enge Bezug zwischen Insekt und Signatur findet sich in einigen Beispielen, so auch auf dem *Portrait des Luca Pacioli mit einem Schüler* (1495), das Jacopo de' Barbari zugeschrieben wird. http://www.museocapodimonte.beniculturali.it/il-ritratto-di-luca-pacioli-a-capodimonte (Zugriff am 29.10.2016).

Interpretation. John Oliver Hand bemerkt beispielsweise, dass das Insekt auch als Talisman zum Schutz vor Krankheiten gedient haben könnte.[16] Für ein anderes Porträt schlägt David Alan Brown vor, dass die Fliege als „a symbol of death and decay" oder als eine Art Memento Mori fungieren kann.[17] Die bisherige Forschung betont die sowohl aus dem Volkswissen als auch die aus der Exegese stammende enge Verknüpfung der Fliege mit dem Tod, als Verbreiter von Krankheiten oder Begleiter des Teufels. Dies spiegelt sich in der Aussage Martin Luthers zum Insekt wider: „Ich bin den Fliegen darum feind und gram, quia sunt imago Diaboli et haereticorum."[18] Eine solche negative symbolische Aufladung lässt sich in einzelnen Werken bezeugen, wie z. B. auf dem *Sebastiansaltar* von Hans Baldung Grien (1507),[19] auf dem das Tier einem Schergen zugeordnet ist.

Doch ist ihr Vorkommen in der Malerei nicht allein negativ konnotiert, sondern weitaus vielschichtiger. Die Fliege weist – wie viele andere Objekte – eine Fülle von ambivalenten und konträren symbolischen Bedeutungen auf.[20] Das Tier kann auch im eucharistischen Sinne positiv belegt sein. Dieser Ansatz ist für den *Schmerzensmann* von Giovanni Santi (Ende 15. Jh.) denkbar: Hier zeigt Christus auf eine Fliege, die auf seiner linken Brust sitzt. Der Volksglaube, dass Fliegen wieder auferstehen könnten, hielt sich bis in das 17. Jahrhundert.[21]

Weltliches Sehen und geistiges Erkennen

Neben den symbolischen und künstlerischen Aspekten, die in all diesen Beispielen in den Darstellungen illusionistischer Insekten zweifelsohne mitzudenken sind, ist zusätzlich die Thematisierung der ästhetischen Grenze von Bedeutung. Fliegen oder Spinnen markieren die

16 John Oliver Hand: Portrait of a Carthusian. In: Ebert-Schifferer (Hrsg.): *Deceptions and Illusions*, S. 164–165, hier S. 164.

17 David Alan Brown: Cardinal Bandinello Sauli and Three Companions. In: Ebert-Schifferer (Hrsg.): *Deceptions and Illusions*, S. 170–171, hier S. 170.

18 Martin Luther: Tischreden aus den dreißiger Jahren. In: Ders.: *Kritische Gesamtausgabe*, Bd. 2. Weimar: Hermann Böhlaus Nachf. 1913, S. 381.

19 Christiane Lauterbach: Plagegeister. Fliegen in der christlichen Kunst um 1500. In: Christine Kupper (Hrsg.): *Vom Ansehen der Tiere*. Nürnberg: Verlag des Germanischen Nationalmuseums 2009, S. 47–57.

20 Cornelia Kemp: Fliege. In: *Reallexikon zur deutschen Kunstgeschichte*, hrsg. v. Zentralinstitut für Kunstgeschichte München. München: Beck 2003, Sp. 1196–1222.

21 Steven Connor: *Fly*. London: Reaktion 2006, S. 72.

ansonsten unsichtbare Trennlinie und rufen dem Betrachter das Bild als Medium ins Bewusstsein. Gerade in der Verwendung bei religiösen Motiven muss überprüft werden, ob die Täuschung durch die ‚profanen' Insekten eine weitere Ebene in der Betrachtung einzieht. Die christliche Bildpraxis war bereits lange vor der reformatorischen Bewegung des 16. Jahrhunderts immer wieder der Kritik ausgesetzt. Der Streit, ob und in welcher Form künstlerische Objekte als Kirchenschmuck oder in der Liturgie eingesetzt werden sollten, entbrannte immer wieder an der Frage nach dem Wesen des Dargestellten.[22] Als eine Legitimation des religiösen Abbilds diente die Legende des Heiligen Lukas, der ein authentisches Porträt der Madonna mit dem Jesusknaben erschaffen habe.[23] Eine solche *Lukas-Madonna* (1532) findet sich in Maerten van Heemskercks Œuvre, wie auch eine illusionistische Spinne, die ihr Netz darauf im unteren linken Rahmenzwickel gesponnen hat.[24] (Abb. 1 & 2) In Anlage und Lichtführung spiegelt sich in der Arbeit der vorbestimmte Hängungsort, der nordwestliche Vierungspfeiler in St. Bavo in Haarlem,[25] wider. Die Figuren sind in Untersicht gegeben und werden von einer Lichtquelle, die rechts außerhalb der Leinwand zu liegen scheint, angestrahlt. Zahlreiche Elemente des Bildes verweisen auf die Möglichkeiten der Kunst und lassen das Stück – über das klassische Thema des Schutzpatrons der Maler hinaus – zu einer ‚Malerei über Malerei' werden. Heemskercks Anspruch an seine Kunst bildet sich in einem Spektrum ab, das von der manieristischen Plastizität der Figuren über die Thematisierung des Paragone im Basrelief von Lukas' Sitzmöbel, einer innerbildlichen Signatur in Form eines Sgraffito, bis hin zum Trompe-l'œil-Element der Spinne und ihres Netzes reicht. Bereits das daneben angebrachte Cartellino scheint durch seine Knicke und Schlagschatten aus dem Bildraum herauszutreten. Die

22 Vgl. Arnold Angenendt: *Heilige und Reliquien. Die Geschichte ihres Kultes vom frühen Christentum bis zur Gegenwart.* Hamburg: Nikol 2007.

23 Die Episode ist in unterschiedlicher Form überliefert. Eine grundlegende Herleitung zur ihrer Entstehung und Tradierung bietet Dorothee Klein: *St. Lukas als Maler der Maria. Ikonographie der Lukas-Madonna.* Berlin: Schloss 1933.

24 Das Gemälde war das Abschiedsgeschenk an die Haarlemer St. Lukasgilde, als Heemskerck 1532 nach Italien aufbrach. Carel van Mander: *Das Leben der niederländischen und deutschen Maler,* aus d. Niederl. v. Hanns Floerke nach der Ausgabe von 1617. Wiesbaden: VMA 1991, S. 340–341.

25 Gisela Kraut: *Lukas malt die Madonna. Zeugnisse zum künstlerischen Selbstverständnis in der Malerei.* Worms: Werner 1986, S. 83.

Abb. 1 & 2
Maerten van Heemskerck:
Der Heilige Lukas mal die Madonna, 1532.
Gesamtansicht und Detail. Öl auf Leinwand, 168 x 235 cm.

perspektivische Malerei, der Blick aus dem Bild, die sich nach vorne aufbauenden Ebenen (Wand – Sockel – Cartellino) öffnen sich für den Betrachter und streben danach, die Bildgrenze aufzuheben. Doch an genau die Stelle, an der dies durch das beschriftete Blatt auf die Spitze getrieben wird, bricht Heemskerck das Bestreben einer Verschmelzung von Bild- und Betrachterraum durch das Trompe-l'œil-Insekt. Indem das Netz den tatsächlichen Rahmen einbezieht, wird das Gemälde wieder in seinen materiellen Objektstatus verwiesen. Das Insekt führt dem Betrachter die Unterscheidung zwischen dem, was hier abgebildet ist (die Lukasmadonna), und dem, was tatsächlich zu sehen ist (Farbe auf Leinwand), vor Augen.

> Der Illusionismus wirft [...] das erkenntnistheoretische Problem des Verhältnisses von Sein und Schein auf, das seinerseits ein Indiz für eine Verunsicherung des Wahrnehmungs- und Erkenntnisapparats ist, welche letztlich auf eine existenzielle Labilität und einen Schwund von Vertrauen gegenüber der Realität hindeutet.[26]

Doch es ist nicht nur der Hinweis auf die Unzulänglichkeit des körperlichen Sinnes, der sich so auch in Vanitas- oder Memento Mori-Motiven finden lässt. Hier erscheint die Spinne wie ein Kommentar zur Versenkung in die Darstellung und ein Verweis auf die Distanz zwischen Motiv und Gläubigen.[27]

Eine ähnliche Interpretation lässt auch die illusionistische Fliege auf der zweiten Ansicht des Retabels im schwedischen Boglösa (um 1470/80) zu. Hier sitzt das Tier auf dem Fensterrahmen neben einer Gregorsmesse.[28] Durch ihren Schlagschatten und die für das Motiv überproportionale Größe ist sie deutlich dem Bildraum vorgelagert. (Abb. 3)

26 Norbert Schneider: Zeit und Sinnlichkeit. Zur Soziogenese der Vanitasmotivik und des Illusionismus. In: *kritische berichte* 4/5 (1980), S. 8–34, hier S. 21.

27 Dies ist zumindest für das Werk Heemskercks sicherlich nicht als Hinweis auf eine kritische Bildpraxis zu verstehen. Sowohl in seiner Themenwahl als auch der Adaption und Aufarbeitung eines römischen Formenideals, das – wie Jessica Buskirk und Bertram Kaschek überzeugend nachweisen konnten – an die katholische Kirche rückgebunden werden konnte, stellt sich der Maler nicht als vom reformatorischen Gedankengut beeinflusst dar. Jessica Buskirk / Bertram Kaschek: Kanon und Kritik. Konkurrierende Körperbilder in Italien und den Niederlanden. In: Stephan Dreischer / Christoph Lundgreen / Sylka Scholz / Daniel Schulz (Hrsg.): *Jenseits der Geltung. Konkurrierende Transzendenzbehauptungen von der Antike bis zur Gegenwart*. Berlin / Boston: de Gruyter 2013, S. 103–126, hier S. 113.

28 Vgl. Miriam J. Hoffmann: *Studien zur Lübecker Tafelmalerei von 1450 bis 1520*. Kiel: Ludwig 2015, S. 162–168, 322–325, Abb. 62, 273.

Im ersten Moment erlebt der Betrachter die Fliege als störendes Element auf der zweidimensionalen Tafelmalerei, die ihn zur Interaktion auffordern kann, indem er sie mit einer Handbewegung verscheuchen möchte. Erst nach gescheiterten Versuchen realisiert er die Täuschung. Die Fliege wird somit zur Grenzgängerin zwischen dem fiktiven Bildraum und dem realen Raum des Rezipienten.

Durch das Trompe-l'œil-Motiv wird eine Reflexion über die Wahrnehmung der Bild- und Betrachterebene angeregt, die im ersten Augenblick nicht über das eigentliche Motiv hinaus Bedeutung zu erlangen scheint. Tatsächlich ist das Gegenteil der Fall, da die Gregorsmesse ein Ereignis des Sehens und Nicht-Sehens göttlichen Heils thematisiert. Der Heilige Gregor ist die einzige Person, der bei der Messe der Schmerzensmann in einer Vision erscheint. Die anderen geistlichen Vertreter sind zwar körperlich präsent, jedoch können sie Christus nicht sehen. In umgekehrter Weise ist die Fliege im Bild nicht im Bild, wird von den Akteuren nicht wahrgenommen werden können, während gleichzeitig der Rezipient Augenzeuge dieser ‚Erscheinung' wird.

> *Trompe-l'œil* as object, as art that wants to become nature, calls for a particular type of viewer – one who does not want to be shown anything, but wants to see for himself, one who does not want to contemplate objects as represented in a painting, but the objects themselves.[29]

Die bildimmanente Reflexion des Betrachters über die irdische und himmlische Sphäre wird simultan auf rezeptionsästhetischer Ebene durch das Trompe-l'œil-Motiv der Fliege fortgesetzt. Sie provoziert das Individuum zu einer räumlichen Bestimmung seiner selbst zum Kunstwerk.

Die Darstellung in Trompe-l'œil-Manier erweitert die Auseinandersetzung zwischen Betrachter und Bild: Die illusionistischen Insekten stellen einen Bruch des üblichen Seh- und Rezeptionserlebnisses dar, der das Individuum zum erneuten Beginn dieses Betrachtungsprozesses unter veränderten Vorzeichen auffordert. Es zeigt sich, dass entgegen den bis heute gängigen negativen Konnotationen von Fliege und Spinne gerade diese Tiere auf der ästhetischen Grenze besonders in religiösen Motiven stattdessen als ‚neutral' eingesetzt werden. Sie dienen vielmehr als Vermittler zwischen Realität und Fiktion und

29 Mateusz Salwa: *Illusion in Painting. An Attempt at Philosophical Interpretation.* Frankfurt am Main: Lang 2013, S. 89.

Abb. 3: Werkgruppe sog. B-Maler Bernt Notkes: *Hochaltarretabel*, um 1470/80. Detail der 2. Ansicht mit *Gregorsmesse*. Öl auf Holz, 170 x 169,5 x 18 cm.

erschließen aufgrund ihrer emblematischen Bedeutung neue Lesarten. Dabei verdeutlichen sie unterschiedliche Gebrauchsebenen: Wird der Blick vom Nutzen ihrer mimetischen Nachbildung für den Künstler (Beweis der Kunstfertigkeit etc.) stattdessen auf den Reiz für den Rezipienten gelenkt, so schreiben sich Fliege, Spinne & Co in den Diskurs des Sehens ein, der im Spätmittelalter neue Impulse erhält.[30] Gerade für christliche Motive kann anhand der gemalten Mimese die kontemplative Vertiefung in das Motiv bei gleichzeitiger Erinnerung an die Trennung von Diesseits und Jenseits erfolgen.[31]

30 U.a. wandelte sich die Auffassung des Sehvorgangs vom Extramissions- zum Intramissionsmodell: „In earlier medieval image making and in the extramission theory of their apperception, the notion of likeness (similitude) was not strong, because the object was always to some extent produced by the gaze. […]. Intromission, by contrast, placed the world of nature and the world of art in the same footing, as objects of sense, bringing the outside world within." (Michael Camille: Before the Gaze. The Internal Senses and Late Medieval Practices of Seeing. In: Robert S. Nelson (Hrsg.): *Visuality Before and Beyond the Renaissance. Seeing as the Others Saw*. Cambridge: Cambridge UP 2000, S. 197–223, hier S. 206–207, Anm. 10.)

31 Vgl. Peter J. Bräunlein: Bildakte. Religionswissenschaft im Dialog mit einer neuen Bildwissenschaft. In: Brigitte Luchesi / Kocku von Stuckrad (Hrsg.): *Religion im kulturellen Diskurs. Festschrift für Hans G. Kippenberg zu seinem 65. Geburtstag*. Berlin: de Gruyter 2004, S. 195–233, hier S. 212–216.

Zwei Fliegen

Zum Stand der Dinge im Stillleben

Linda Keck

Eine Kunstgattung, die sich in besonderem Maße der Mimesis verschrieben hat, ist das Stillleben. Überfrachtet mit mannigfachen Dingen des alltäglichen Gebrauchs, Blumen, Schmuck und einer zumeist beträchtlichen Menge an Essen und Trinken, stellt das Stillleben in eindrucksvoller Genauigkeit ein Abbild dar, das seinem Vorbild in nichts nachzustehen scheint, ganz im Gegenteil: Die hyperrealistisch dargestellten Gegenstände, die bis aufs kleinste Detail die Wirklichkeit nachahmen, könnten kaum authentischer sein, ist doch für die ideale Imitation allein die Realität das Maß der Dinge, das die Regeln der Nachahmung bestimmt.

Samuel van Hoogstraten, der im 17. Jahrhundert, als die Gattung in den Niederlanden ihren Höhepunkt fand, vor allem durch seine naturalistischen Steckbrett-Darstellungen brillierte, verfolgte dementsprechend das Ideal eines vollkommenen Gemäldes, das wie ein Spiegel die Natur verdoppeln sollte.[1] In seiner *Hooge Schoole der Schilderkonst* führt er aus, dass die höchste Leistung der Malerei diejenige sei, die die Lebenswirklichkeit täuschend echt abzubilden vermag: „Die Kunst der Malerei ist eine Wissenschaft, um alle Ideen oder Vorstellungen, die die gesamte sichtbare Natur geben kann, darzustellen und mit Kontur und Farbe das Auge zu betrugen."[2] Die Natur zu spiegeln, bedeutet demnach genauer gesagt, eine Illusion der Natur vorzuspiegeln, die derart realistisch für bare Wirklichkeit genommen wird. Bereits in der Antike

1 Vgl. Michael Philipp: „Een recht natuerlijke Schildery". Johannes Torrentius, die Camera obscura und der Augentrug in der niederländischen Malerei des 17. Jahrhunderts. In: Bärbel Hedinger (Hrsg.): *Täuschend echt. Illusion und Wirklichkeit in der Kunst*. München: Hirmer 2010, S. 30–39, hier S. 36–37.

2 Samuel van Hoogstraten: *Inleyding tot de Hooge Schoole der Schilderkonst. Anders de zichtbaere Werelt*. Rotterdam: Davaco 1678, S. 24. https://archive.org/stream/inleydingtotdeho00hoog_0#page/24/mode/2up (Zugriff am 19.10.2016). „De Schilderkonst is een wetenschap, om alle ideen, ofte denkbeelden, die de gansche zichtbaere natuer kan geven, te verbeelden: en met omtrek en verwe het oog te bedriegen."

bestand ein primäres Anliegen der Kunst darin, ihre Betrachter_innen hinters Licht zu führen. Wie Plinius der Ältere in seiner *Naturalis historia* anhand des Wettstreits zwischen Zeuxis und Parrhasius verdeutlichte, ist der Aspekt der Täuschung grundlegender Bestandteil der Malerei:

> Von diesem [Parrhasius] sagt man, er habe sich mit dem Zeuxis in einen Wettstreit eingelassen. Jener habe gemalte Trauben, und die mit so glücklichem Erfolge hervorgebracht, daß die Vögel der Bühne zugeflogen waren: dieser habe einen so natürlich gemalten leinen Vorhang aufgestellet, daß Zeuxis, durch das Urtheil der Vögel stolz gemacht, endlich darauf drang, man möchte den Vorhang wegthun und die Malerey zeigen. So bald er seinen Irrthum eingesehen habe, habe er aus aufrichtiger Scham gewonnen gegeben, er habe, sagte er, die Vögel betrogen, Parrhasius aber ihn als einen Meister.[3]

Wider Erwarten enthüllt Parrhasius' Vorhang kein Gemälde, sondern zeigt vielmehr, dass es nichts zu verbergen gibt. Was Zeuxis nämlich nicht begriffen hatte, war, dass es sich lediglich um die naturgetreue Darstellung eines Vorhangs handelte – und nicht um einen wirklichen. Kurzum, so lehrt uns die Anekdote, soll die Malerei eine Ähnlichkeit zur Natur schaffen, aus der jede Differenz getilgt ist.

Diese trügerische Ähnlichkeit macht sich nicht zuletzt das Stillleben zum Anliegen, das durch seine akribische, allzu genaue Darstellungsweise ganz im Zeichen des Augentrugs steht. Obgleich das Stillleben recht bescheiden daherkommen mag, geht es auf ganz besonders heimtückische Weise gegen seine Betrachter_innen vor.[4] Denn seine unbelebten, im Verwesen oder Verwelken begriffenen Bildobjekte scheinen gerade nicht so still zu sein, wie sie selbstredend vorgeben. Stattdessen präsentiert sich die Darstellung von zum Stillstand gebrachtem Leben auf seltsam widersprüchliche Weise äußerst lebendig. Infolgedessen erweckt sie den Eindruck, als sei der ein oder andere Gegenstand nicht mehr länger an den Bildträger gebunden, sondern geradewegs dabei, sich zu verselbstständigen. Das Stillleben, so ließe sich sagen, rückt die Dinge nicht nur in den Vordergrund, sondern an den äußersten Rand

3 Gaius Plinius Secundus Maior: *Plinius Naturgeschichte. Zweyter Band*, aus d. Lat. v. Johann Daniel Denso. Rostock / Greifswald: Anton Friedrich Rösens Buchhandlung 1765, S. 744.

4 Zur Bescheidenheit der Gattung siehe Norman Bryson: *Looking at the Overlooked. Four Essays on Still Life Painting*. London: Reaktion 1990. Dementsprechend wurde das Stillleben als ‚niedere' Gattung in der kunsthistorischen Forschung lange Zeit übersehen.

Abb. 1: Ambrosius Bosschaert der Jüngere: *Stillleben mit Früchten auf einem Zinnteller, einem Römer, einer Melone und einem Grashüpfer auf einem Tisch*, um 1635. Unten rechts signiert: „A. Bosschaert. Fecit". Öl auf Holz, 46 x 55,5 cm.

der Darstellung, wo sie jeden Moment aus dem Rahmen zu fallen scheinen. Da wäre beispielsweise der Teller, der so knapp auf die Tischkante gesetzt ist, dass er wahrhaft auf dem Boden zu zerschellen droht. Wie allein der französische Begriff des Trompe-l'œils[5] wortwörtlich verdeutlicht, haben wir es hier mit einem außerordentlich mimetischen Verfahren zu tun, dessen Anspruch offenkundig darin besteht, das Auge zu täuschen. Mit welchen Mitteln das Trompe-l'œil sein Gegenüber überlistet, kann *en détail* anhand eines winzigen, fast schon unscheinbaren Bildobjekts demonstriert werden: Der Fliege.

In Ambrosius Bosschaerts Früchte-Stillleben stehen neben dem im Titel angeführten Zinnteller, einem Römer, einer Melone und einem Grashüpfer noch zwei weitere Bildinsassen im Zentrum der Darstellung. Von der zusehends fortschreitenden Fäulnis des Obsts angelockt, lassen sich die beiden Fliegen nicht zufällig auf den Äpfeln nieder, sondern sind durch ihre kurzlebige Unbeständigkeit augenfällige

5 Französisch von *tromper* „täuschen" und *l'œil* „das Auge". Vgl. Trompe-l'œil. In: *Lexikon der Kunst. Architektur, Bildende Kunst, Angewandte Kunst, Industrielle Formgestaltung, Kunsttheorie*, Bd. 7, hrsg. v. Harald Olbrich. Leipzig: Seemann 1994, S. 425.

Symbole der Vanitas,[6] die wie der häufig abgebildete Totenschädel oder die Sanduhr die Vergänglichkeit versinnbildlichen und stets auf das unwiederbringliche Ende auf Erden verweisen. Schon in der christlichen Ikonografie verhieß die Fliege bei Weitem nichts Gutes. Ob als prominentes Tier epidemischer Qualen wie in der fünften Plage Ägyptens oder als Emblem der Sünde in Begleitung des Beelzebub brachten die Fliegen seit jeher Tod und Verderben.[7] Ganz abgesehen von ihrer Symbolträchtigkeit spielt die Fliege in der Geschichte und Theorie des Trompe-l'œils noch eine andere, überaus bemerkenswerte Rolle. Besonders auffällig ist die Fliege nämlich nicht nur als Allegorie, die den christlichen Sinn auf das Bild überträgt, sondern aufgrund ihres grenzüberschreitenden Charakters. Bereits Giorgio Vasari wusste in seinen *Le vite de' più eccellenti pittori, scultori e architettori* von der tückischen Zwiegestalt der Fliege zu berichten. Über Giotto schrieb er, er habe Fliegen derart lebensecht gemalt, dass selbst sein Lehrer Cimabue auf das Trugbild hereinfiel:

> Man sagt auch, Giotto habe zur Zeit, in welcher er noch als Knabe bei Cimabue war, einer Figur seines Meisters eine Fliege so natürlich auf die Nase gemalt, daß Cimabue, als er sich bei seiner Rückkehr wieder an die Arbeit setzte, sie als eine wirkliche Fliege mehrmals mit der Hand fortscheuchen wollte, ehe er des Irrthums inne ward.[8]

Vasaris Anekdote macht deutlich, wie sehr die Täuschung auf die Reaktion seiner Betrachter_innen abzielt. Wie wir hier sehen, wird die Täuschung erst mit Hilfe des Tastsinns von der Hand gewiesen – buchstäblich *be-griffen*: Noch im selben Moment, in dem das Gemälde eine Berührung, die Geste des Wegscheuchens, provoziert, wird sich

6 Vgl. Helga Lutz / Bernhard Siegert: Metamorphosen der Fläche. Eine Medientheorie des Trompe-l'œils von der flämischen Buchmalerei bis zum niederländischen Stillleben des 17. Jahrhunderts. In: Friedrich Balke / Maria Muhle / Antonia von Schöning (Hrsg.): *Die Wiederkehr der Dinge*. Berlin: Kadmos 2011, S. 253–284, hier S. 258.

7 Zur Symbolik der Fliege siehe Harry Kühnel: Die Fliege. Symbol des Teufels und der Sündhaftigkeit. In: Walter Tauber (Hrsg.): *Aspekte der Germanistik. Festschrift für Hans-Friedrich Rosenfeld zum 90. Geburtstag*. Göppingen: Kümmerle 1989, S. 285–303; Hartmut Böhme: Die Fliege. In: Christian Kassung / Jasmin Mersmann / Olaf Rader (Hrsg.): *Zoologicon. Ein kulturhistorisches Wörterbuch der Tiere*. München: Fink 2012, S. 122–132.

8 Giorgio Vasari: *Leben der ausgezeichnetsten Maler, Bildhauer und Baumeister von Cimabue bis zum Jahre 1567*, Bd. 1, aus d. Ital. v. Ludwig Schorn / Ernst Förster, neu hrsg. v. Julian Kliemann. Worms: Wernersche Verl.-Ges. 1988, S. 172.

Cimabue der Künstlichkeit der Fliege gewahr. „Stilllebendinge", so ließe sich im Allgemeinen sagen,

> appellieren nicht nur zum akribischen Studium, insbesondere wo sie ihr Inneres zeigen, sondern zum antizipatorischen Vollzug, sie fordern den Betrachter auf, mimetisch die unterbrochene Handlungskette zu komplettieren. Objekte auf Stillleben sind Handlungshypothesen. Als solche involvieren sie den Betrachter in das Zu-Sehen-Gegebene in einer Weise, die die Kulturtechnik der ästhetischen Wahrnehmung transzendiert: Sie drängen den Betrachter, die Darstellung der Sache mit der Sache selbst zu verwechseln.[9]

Auch Bosschaerts Gemälde verleitet seine Betrachter_innen dazu, wie einst Cimabue, die Fliege fortzuscheuchen. Während wir für gewöhnlich dazu neigen, die winzigen Tierchen zu übersehen, drängt sich hier eine der beiden Fliegen geradezu förmlich auf. Ganz offensichtlich vermittelt sie den Eindruck, dass sie nicht so recht ins Bild passen will, oder genauer gesagt: stört. Denn im Gegensatz zu den restlichen Bildobjekten ist die Fliege nicht nur zu groß, sondern schlichtweg ‚falsch' abgebildet. Obschon beide Fliegen faktisch ein und demselben Bildgrund angehören, scheint die eine die perspektivischen Formgesetze zu unterlaufen, ja den Rahmen zu sprengen. Somit lässt sie sich nicht mehr länger innerhalb des zentralperspektivisch konstruierten Tiefenraums der Bildebene verorten. Vielmehr sitzt sie auf einer Schwelle, die zwischen dem Raum der Darstellung und dem Raum vor dem Bild, dem realen Raum, oszilliert, wodurch die Fliege in eine eigentümliche, ungewisse Schwebe gerät: Sitzt sie *im* imaginären Bildraum? Oder *auf* dem realen Bild?[10]

Durch die verfehlte Perspektive entsteht eine Welt, in der die Ordnung der Dinge durcheinandergerät: Es kommt zur Ununterscheidbarkeit von Illusion und Realität, Bild und Artefakt. Indem die hybride Fliege sich jeglicher Form des Dualismus, wie er ontologisch verankert ist, entsagt, wird die Repräsentation mit dem Repräsentiertem als solchen verwechselt – das Bild der Fliege irrtümlicherweise für die Fliege selbst gehalten. Es scheint, als hätten wir die Fliege geradewegs dabei ertappt, aus der begrenzten Darstellung auszubrechen, um, so ist zu vermuten,

9 Lutz / Siegert: Metamorphosen der Fläche, S. 254.

10 Vgl. ebd., S. 259; Hartmut Böhme: Das Handeln und Denken der Bilder. Oder wie Fliegen den Betrachter verrücken. In: Andreas Beyer / Dario Gamboni (Hrsg.): *Poiesis. Über das Tun in der Kunst*. Berlin / München: Deutscher Kunstverlag 2014, S. 59–94, hier S. 67.

den Weg ins Freie zu suchen. In diesem Fall würde sie nicht mehr länger zum figurativen Bildinventar gehören, sondern sich als reales Objekt verselbstständigen, dem Bilde bei Leibe entfliehen.
Dieses mimetische Vermögen der Fliege, in der Manier eines Trompe-l'œil-Effekts aus dem Bild herauszutreten, die Begrenzungen des Zweidimensionalen zu überwinden, beschreibt der Kunsthistoriker Louis Marin trefflich als einen Exzess der Mimesis.[11] Der Begriff des Exzesses, vom lateinischen *excedere*[12] abgeleitet, bezeichnet wortgemäß eine Bewegung, die vom eigentlichen, begrenzten Zustand abweicht, und zwar indem sie diesen übertrifft. Häufig mit Attributen wie ausschweifend, unmäßig oder gar maßlos umschrieben, werden damit unbestimmte, um nicht zu sagen, außerordentliche Phänomene, die fernab jeglicher Begrenzung zutage treten, zum Ausdruck gebracht. Demzufolge ist die exzessive als eine übersteigerte, hyper-reale Form der Mimesis zu begreifen, die ein ‚Zuviel' an Ähnlichkeit produziert. Es ist gerade die *zu* exakte Mimesis, die die Differenz zwischen Wirklichkeit und Darstellung durch ihren Exzess aufhebt. In diesem Moment des Übertritts schießt die Mimesis über sich selbst hinaus, ist die Fliege doch weitaus mehr als bloß ein besonders naturalistischer Stellvertreter eines Insekts. Fliegen, wenn sie auf dem Bilde thronen, sind hier nicht nur Zeichen im repräsentationalen Sinne, insofern sie etwas Abwesendes vor Augen stellen, auch fungieren sie als performativer Akt, als „Operatoren einer Augentäuschung"[13], die das Bild allererst zum Betrug befähigen.

> Die zwei Fliegen markieren die beiden Pole einer Oszillation zwischen Mimesis und Hypermimesis. Während der eine Fliegensignifikant als Metasignifikant das Imaginäre der Repräsentation bezeichnet, setzt der andere Fliegensignifikant in dem Moment, in dem er mit der Sache selbst, seinem Referenten, verwechselt wird, die Spaltung zwischen Bildraum und Bildträger und damit die Materialisierung des Bildträgers ins Werk.[14]

11 „[...] la chose peinte n'est plus la représentation de la chose < réelle >, mais sa représentation dans son double: le trompe-l'œil ou la mimésis en excès." (Louis Marin: Représentation et simulacre. In: Ders.: *De la représentation*. Paris: Gallimard 1994, S. 303–312, hier S. 308–309.)

12 Entlehnt aus dem spätlateinischen *excessus* „das Herausgehen, Überschreiten, Abweichen", Part. Perf. von *excedere* „herausgehen, ein bestimmtes Maß überschreiten", aus *ex-* „heraus" und *cedere* „gehen, schreiten, weichen". Vgl. Exzess. In: *Deutsches Fremdwörterbuch,* Bd. 5, hrsg. v. Hans Schulz / Otto Basler. Berlin: de Gruyter 2004, S. 602.

13 Lutz / Siegert: Metamorphosen der Fläche, S. 258.

14 Bernhard Siegert: Der Blick als Bild-Störung. Zwischen Mimesis und Mimikry. In: Claudia Blümle / Anne von der Heiden (Hrsg.): *Blickzähmung und Augentäuschung. Zu Jacques Lacans Bildtheorie*. Zürich / Berlin: Diaphanes 2005, S. 103–126, hier S. 116.

Wie Bernhard Siegert darlegt, sind genauer gesagt nicht nur eine, sondern zwei Fliegen für die Augentäuschung vonnöten, wobei entscheidend ist, dass die eine Fliege im Bild sitzt, während die andere so tut, als säße sie auf dem Bild. In den imitierenden Darstellungen des Stilllebens geht es also nicht nur um die Nachahmung *von* Tieren als vielmehr um die Nachahmung *durch* Tiere. Unverkennbar ist hier eine künstlerische Form der Mimesis am Werk, die durch die Fliegen überhaupt erst möglich wird, womit das tierische Auftreten für die Täuschung ausschlaggebend ist.

Doch wollen die Fliegen nicht nur ihr Gegenüber täuschen, sondern ebenso zur Reflexion über die Darstellung und die Effekte, die sie tragen, auffordern. Denn schließlich besteht der ästhetische Reiz des Trompe-l'œils nicht ausschließlich darin, mit der Realität verwechselt zu werden, sondern als Augentäuschung erkannt – *ent-täuscht* – zu werden. Auf diese Weise appelliert es an einen bildanalytischen und bildkritischen Blick, der die Aufmerksamkeit vom *was*, dem Inhalt des Dargestellten, auf das *wie*, die Machart der Darstellung lenkt, also die Umstände ihres Zustandekommens sowie ihre Funktions- und Wirkungsweisen freilegt. Dementsprechend charakterisiert der Kunsthistoriker Victor Stoichita in seiner Studie über die Metamalerei das Trompe-l'œil als selbstbewusstes Bild, welches seine eigene Bildlichkeit zum Gegenstand der Darstellung erhebt. Dabei werden die „selbstreflexiven Bemühungen der Malerei", „die Anstrengungen des Bildes, sich selbst zu verstehen und zu definieren"[15] – und das ist das Entscheidende – auf der Ebene der pikturalen Darstellung im Bild selbst zur Anschauung gebracht.

> Die von dieser Meditation aufgeworfenen Probleme durchlebt und erleidet das Bild in seinem eigenen Fleisch: Verdoppelung und Opposition, Rückseite und Vorderseite, Sättigung und Negation, Erforschung der inneren und der ästhetischen Grenze sowie der eigenen kommunikativen Möglichkeiten, der Absorption des Betrachters und der Spuren des Autors. Dies ist nur eine unvollständige Liste der Elemente, mit denen der metaartistische Mechanismus arbeitet.[16]

Indem das Trompe-l'œil abgesehen davon, dass es etwas darstellt, seine Repräsentierbarkeit ausstellt, wird es über seinen mimetischen Repräsentationscharakter hinaus als Figur der Selbstreferenz

15 Victor I. Stoichita: *Das selbstbewußte Bild. Vom Ursprung der Metamalerei.* München: Fink 1998, S. 299.
16 Ebd.

beobachtbar, die Fragen nach den Bedingungen und Grenzen der Darstellung, ja der Darstellbarkeit überhaupt aufwirft. Exzessive mimetische Strategien zielen auf eine Plastizität der Bildgestaltung, die die ontologische Auffassung der Differenz, insbesondere die zwischen den Kategorien von Repräsentation und Figuration, nicht nur prekär werden lässt, sondern als solche in Frage stellt. So geht es immer auch um die visuelle Evidenz, darum, was von dem, was wir sehen, ‚echt' und was ‚gemacht' ist. In diesem Sinne bleibt zu guter Letzt nur zu fragen: Ist die Fliege eine Fliege oder doch keine Fliege?

Arachnomimesis

Spinnen im Netz mimetischer Projektion

Verena Kuni

TANZEN SIE EINEN SPINNENTANZ VOR DEM SPINNENNETZ[1]

In der europäischen Kulturgeschichte geht die Spinne früh ins Netz mimetischer Projektionen.[2] Von Anfang an begegnet dabei die bis heute auch alltagskulturell greifbare Ambivalenz in der Haltung, die der Mensch dem Tier und namentlich jener Fähigkeit entgegenbringt, der die Spinne in der deutschen Sprache ihren Namen verdankt. Wohl findet auch ihre Giftigkeit Erwähnung, die gemeinsam mit der früh beobachteten Einsamkeit des Tieres für die negativen Wertungen sowie für individuelle wie kollektive Phobien in Anschlag gebracht werden kann. Weit größere Aufmerksamkeit gilt jedoch dem Spinnennetz.

Schon Jahrhunderte, bevor Ovid die Geschichte der kunstfertigen Weberin Arachne erzählt, die es wagt, sich mit der Göttin Athene zu messen und zur Strafe in eine Spinne verwandelt wird, bemühen Philosophen die notorische Formel des ‚so … wie …', um das Gewebe bzw. Gespinst in ihre auf Menschen gemünzten ethischen und/oder ästhetischen Betrachtungen einzupassen.[3] Was sich zunächst noch als schlichte Beobachtung gibt – im Netz beweist sich die Spinne und mit ihr die Natur als Künstlerin; seiner Schöpferin schaut der Mensch die Kunst des Webens ab – erweist sich als ideale Projektionsfläche, auf

1 Stefan Sagmeister: Ereigniskarte für *The Happy Show*, Museum für Angewandte Kunst Frankfurt am Main (23.04.–25.09.2016).

2 Vgl. Katarzyna Michalski / Sergius Michalski: *Spider*. London: Reaktion 2010; Bernd Rieken: *Arachne und ihre Schwestern. Eine Motivgeschichte der Spinne von den „Naturvölkermärchen" bis zu den „Urban Legends"*. Münster: Waxmann 2003; Sebastian Gießmann: *Die Verbundenheit der Dinge. Eine Kulturgeschichte der Netze und der Netzwerke*. Berlin: Kadmos 2014, S. 52–116 (Kap. 2.3: „Das geometrische Tier. Spinne und Netz").

3 Vgl. Michalski / Michalski: *Spider*, S. 54–92 (Kap. 3: „Venom and Cold Intellect: The Spider and its Web in the European Intellectual Tradition"); Gießmann: *Die Verbundenheit der Dinge*, S. 52–116 (Kap. 2.3: „Das geometrische Tier. Spinne und Netz).

der das Tier hinter seinem Bild verschwindet. Insofern dem Werk der Spinne einerseits durchaus Achtung und Bewunderung gezollt wird, andererseits die Gesamtperspektive von der negativen Sicht auf das Tier überschattet bleibt, verfestigt sich über die Jahrhunderte hinweg das Bild einer mimesistheoretisch schillernden Figur.

In diesen Rahmen fügt sich auch die Konjunktur, welche Spinne und Netz zu Beginn der Moderne erfahren: Während die angewandte Kunst eine Vorliebe für die dekorative Tektonik des Spinnennetzes entwickelt, die gleichsam als „Kunstform der Natur"[4] verstanden wird, greifen Literatur und bildende Kunst sowie die engagierte Druckgrafik bevorzugt das Bild des in seinem Netz auf Beute lauernden Tieres auf, das zusammen mit einer Dämonisierung nunmehr häufig einer expliziten Sexualisierung unterliegt.[5] Neben der politisch markierten Spinne, der in der Regel das männliche Geschlecht zugewiesen wird, tritt die von misogynen Projektionen geformte ‚Spinnenfrau' als Femme fatale auf den Plan, die ihre im Netz der Verführung gefangenen Opfer nach dem Geschlechtsakt verzehrt.[6] Die relative Prominenz dieser Bilder darf freilich nicht darüber hinwegtäuschen, dass es sich um eine noch von den Maßgaben der Tradition konditionierte Perspektive handelt, die im Feld eines sich im Dialog mit den Naturwissenschaften formierenden biomimetischen Interesses allenfalls eine randständige Position behaupten kann. Anders gesagt: es sind ganz andere Lebewesen – allen voran der (Menschen-)Affe sowie die von politischen Utopien und Dystopien bevorzugt angeführten staatenbildenden Insekten, daneben aber auch das vom Vitalismus mit in den Blick genommene Pflanzenreich –, die mit besonderer Aufmerksamkeit bedacht werden.

Im Übrigen dominiert noch bis weit ins 20. Jahrhundert eine negative Sicht: Die Hollywoodkarriere der Vogelspinne etwa – markant vertreten durch den nebenbei als verbrämte Napalm-Propaganda funktionierenden Kultstreifen *Tarantula* (USA 1955, R: Jack Arnold) – verdankt sich der vielfältig etablierten Aversion gegen das Tier, für die gerade irrationale Ängste umso mehr ausschlaggebend sind, als sich in diesen Komplexe bündeln lassen, deren eigentliche Ursachen, Gründe und Motive entweder ungreifbar und/oder übermächtig scheinen: sie

4 In Anlehnung an Ernst Haeckels für diesen Zeitabschnitt ebenso paradigmatischen wie einprägsamen Titel: *Kunstformen der Natur.* Leipzig / Wien: Bibliographische Anstalt 1904.

5 Vgl. Michalski / Michalski: *Spider,* S. 127–163 (Kap. 6: „Spiders in Art and Caricature").

6 Vgl. ebd., S. 93–114 (Kap. 4: „The Femme Fatale and Eroticism").

werden bevorzugt auf eine alternative Adresse umgelenkt, die als fremde gekennzeichnet ist. In der Arachnophobie manifestiert sich das kulturelle Stereotyp des dem Menschen denkbar fremden Lebewesens, das als ‚spinnefeind‘ gezeichnet wird.[7]

Vor diesem Hintergrund mag es umso erstaunlicher erscheinen, dass sich in den letzten Dekaden vor der Jahrtausendwende neue Perspektiven eröffnen. Hierfür ist in Anschlag zu bringen, dass sich der Blick auf die Spinne und ihr Netz als zunehmend von den Konditionen der TechnoNaturKultur[8] informiert erweist. In diese Information wiederum gehen zu wesentlichen Teilen Orientierungen ein, die in den Jahrzehnten um die Wende zum 20. Jahrhundert angelegt werden und zu denen neben der fortschreitenden technischen Instrumentalisierung, Medialisierung und Partikularisierung des Blicks auf ‚Natur‘ und ‚Kultur‘, wie sie später in den Modellen des Strukturalismus und der Kybernetik ihre theoretische und systematische Resonanz finden,[9] ein in diesem Zuge an Relevanz gewinnendes mimetisches Begehren gehört, dessen Bedeutung als Stimulans der Imagination zunächst im Umkreis des Surrealismus propagiert und auch in der Folge konsequent weitergedacht wird.[10]

Noch bevor die Fähigkeiten der Spinne zum Gegenstand technologischer Forschung im Feld der Materialwissenschaften und damit einer weitgehend utilitaristisch motivierten Biomimikry bzw. Biomimetik werden,[11] steht dabei zunächst noch einmal der Modellcharakter

7 Wenngleich die Arachnophobie i. e. S. als Angststörung psychiatrisch klassifiziert und behandelt wird (ICD-10 40.2), erweisen sich die Übergänge zwischen Aversion und Phobie in kulturwissenschaftlicher Perspektive, zumal im Anschluss an den Beitrag der Psychoanalyse, als fließend (siehe auch ebd., S. 44–92 (Kap. 2–3: „Arachnophobia" und „Venom and Cold Intellect: The Spider and Its Web In the European Intellectual Tradidtion“).

8 In Anlehnung an den von Donna Haraway eingeführten Begriff der „natureculture“; vgl. Donna Haraway: *The Companion Species Manifesto. Dogs, People, and Significant Otherness*. Chicago: Prickly Paradigm 2003; dies.: *When Species Meet*. Minneapolis: University of Minnesota Press 2008.

9 Vgl. Peter Bexte: Zwischen-Räume. In: Stephan Günzel (Hrsg.): *Topologie. Zur Raumbeschreibung in den Kultur- und Medienwissenschaften*. Bielefeld: Transcript 2007, S. 219–232.

10 Ich entwende hier den von René Girard geprägten Begriff des „désir mimetique“ (vgl. ders.: *Mensonge romantique et vérité romanesque*. Paris: Grasset 1961), um ihn in den Kontext einer anderen Mimesistheorie zu stellen.

11 Im Bereich neuer Materialien wird mit den Qualitäten des natürlichen Vorbilds nachbildender synthetischer ‚Spinnenseide‘ sowie zunehmend mit transgenen Verfahren experimentiert. Vgl. Janine M. Benyus: *Biomimicry. Innovation Inspired by Nature.*

des Spinnennetzes und seiner Bauweise im Mittelpunkt, auf den sich Informationswissenschaft,[12] Architektur und Kunst beziehen.[13] Ermöglicht wird diese Perspektive nicht zuletzt durch die Impulse, die von Institutionen wie dem New Bauhaus (heute: Illinois Institute of Technology – IIT) und dem Massachusetts Institute of Technology (MIT) ausgehen.[14] Gleichwohl soll es noch einige Zeit dauern, bis sich die unterschiedlichen Stränge neuerlich verknüpfen – und das in diesem Zuge entstehende Netz zum Gegenstand mimetischer Projektionen werden kann, die sich auch auf die Spinne selbst erstrecken.

Erreicht wird diese Marke um und ab Mitte der 1990er Jahre in der Netzkultur, wobei sich hier erstmals auch eine explizite Kritik und, mit dieser verbunden, eine Re-Appropriation der bis dato oftmals allzu deutlich misogyn geprägten arachnomimetischen Projektionen artikulieren, namentlich in der (cyber-)feministischen Medientheorie bei Sadie Plant[15] und in der Folge kultur- und medienphilosophisch reflektiert bei Joanna Zylinska.[16]

Dies erscheint umso interessanter, als nahezu zeitparallel in der bildenden Kunst im Werk von Louise Bourgeois[17] und in der Folge in der Kunsttheorie bei Mieke Bal, die dieses weiterführend interpretiert,[18] auch die Spinne selbst eine Rehabilitation erfährt, der einerseits zwar

New York: Morrow 1997, S. 95–145 (Kap. 4: "How will we make things?"): „[...] Fitting Form to Function: Weaving like a Spider". Auf dem Cover der Erstausgabe figuriert, zusammen mit der Nahaufnahme eines Blatts und einem Mikrochip, ein Spinnennetz.

12 Als 1964 Paul Baran, auf dessen Ideen die Errichtung des ARPANET beruht, für „distributed networks" argumentiert, ist das um ein Zentrum aufgebaute Spinnennetz ein Negativbeispiel; vgl. Paul Baran: *On Distributed Communications. V. History, Alternative Approaches, and Comparisions.* Memorandum RM-3097-PR, August 1964. http://www.acove.com/content/dam/rand/pubs/research_memoranda/2008/RM3097.pdf (Zugriff am 01.12.2016).

13 Zu den prominentesten Vertretern der Orientierung an einer strukturellen Biomimesis, für die u. a. Spinnennetze Vorbilder lieferten, gehören u. a. Buckminster Fuller und Frei Otto.

14 Vgl. György Kepes (Hrsg.): *Structure in Art and Science.* New York: Braziller 1965.

15 Vgl. Sadie Plant: *Zeroes + Ones. Digital Women and the New Technoculture.* New York: Doubleday 1997 (dt.: Dies.: *Nullen + Einsen. Digitale Frauen und die Kultur der neuen Technologien.* München: Goldmann 2000).

16 Vgl. Joanna Zylinska: *On Spiders, Cyborgs and Being Scared. The Feminine and the Sublime.* Manchester: Manchester UP 2001.

17 Vgl. Michaela Unterdörfer (Hrsg.): *Louise Bourgeois. The Spider and the Tapestries.* Ausstellungskatalog Galerie Hauser & Wirth, Zürich. Ostfildern: Hatje-Cantz 2014.

18 Vgl. Mieke Bal: *Louise Bourgeois' Spider. The Architecture of Art-Writing.* Chicago: University of Chicago Press 2001.

unverkennbar der Stempel der tradierten mimetischen Projektionen aufgeprägt ist, die sich andererseits diesen gegenüber aber gleichwohl in ähnlicher Weise als kritisch positioniert, wie dies explizit auch seitens der feministischen Medienkulturwissenschaft angestrebt wird. Auf diese jüngeren Entwicklungen soll im Folgenden nun das Augenmerk gerichtet werden, um zu untersuchen, welche neuen Perspektiven sich hieraus nicht nur für die Mimesis-Theorie ergeben können, sondern auch für die kulturelle Reflexion von Mensch-Tier-Verhältnissen insgesamt.

Netz-Architekturen (I)

Zweifellos zählt die Neigung, Vorstellungen über Sachverhalte in Bilder zu fassen und mit Hilfe von Bildern zu kommunizieren, die anderen Zusammenhängen entlehnt sind, zu den ältesten Kulturtechniken überhaupt. Für die Erläuterung und das Verständnis sozialer oder technischer Komplexe auf Gegenstände und/oder Prozesse zurückzugreifen, die als ‚natürlich', also ‚in der Natur' vorkommend bzw. beobachtbar gelten, ist dabei nur eine von mehreren Optionen; sie hat sich jedoch aufgrund ihrer rhetorischen Überzeugungskraft immer wieder besonders bewährt. Dafür, dass dieses Prinzip auch im Zeitalter technologischer (Re-)Produzierbarkeit, digitaler Informations- und Kommunikationstechnologien sowie im Umfeld der Netzkultur kaum an Wirkmacht eingebüsst, sondern eher schon zu einer ubiquitären „Technobiophilia" geführt hat, lassen sich mühelos zahlreiche Beispiele zusammentragen.[19] Hiervon zeugt auch die Nachhaltigkeit, mit der sich die Assoziation des World Wide Web mit einem Spinnennetz eingeprägt hat.

Für den hier zur Debatte stehenden Komplex scheint erwähnenswert, dass dieses ‚web' nicht am Bild eines Spinnennetzes modelliert war; jedenfalls nicht, wenn man an die dominierende Struktur eines zentral aufgebauten Webspinnennetzes denkt. Vielmehr ist es eine der entscheidenden Qualitäten des World Wide Web, wenn nicht die entscheidende Qualität überhaupt, dass es gerade nicht auf einer zentralistischen Struktur basiert, die von einer einzigen Instanz aufgebaut und kontrolliert wird.

Doch obwohl das Feld und die Diskurse, die seine Entwicklung begleiten, gerade in den ersten Jahren nach der öffentlichen Freigabe des

19 Vgl. Sue Thomas: *Technobiophilia. Nature and Cyberspace*. London: Bloomsbury 2013.

WWW durch das CERN im April 1993 zunächst noch mehrheitlich von Akteurinnen und Akteuren bestimmt werden, die um diese Unterschiede wissen, findet die Assoziation mit dem Bild des Spinnennetzes unmittelbar ihre Verankerung und wird ihrerseits dementsprechend diskurs- und bildproduktiv, und zwar sowohl in der Netzkultur selbst wie auch in der populären Wahrnehmung.

Wenn die Architektur des Spinnennetzes und deren Ästhetik stets für Anerkennung und Bewunderung offen gewesen sind – und, wie bereits angemerkt, in der Moderne schon mehrfach zum Gegenstand entsprechend konfigurierter Anlehnungen geworden waren[20] –, lässt sich eine Umwertung im eigentlichen Sinne nun dort beobachten, wo auch die Spinne selbst als Protagonistin der Netzkultur begegnet. Zwar mögen die auf das WWW durchforstende Programme gemünzte Bezeichnung *webcrawler* und das mit ihr assoziierte Bild von Spinnentieren, die behände über ihr Netz krabbeln, um ihre Beute einzusammeln, durchaus an die technologisch mutierten (Roboter-)Spinnen erinnern, die ab der zweiten Hälfte des 20. Jahrhunderts das Science Fiction- und Horrorgenre bevölkern – doch sind diese Web-Spinnen nun zu steuer- und dienstbaren Gehilfen geworden. Vor allem aber feiert eine Figur ihre Wiederkehr, die in ihrem neuen Gewand spätestens auf den zweiten Blick tatsächlich kaum mehr wiederzuerkennen ist: Die Spinnenfrau.

Cyber- und Spiderfeminismen

„Spätestens auf den zweiten Blick" meint: Zunächst mögen die Bilder durchaus vertraut erscheinen. Denn die neue Spinnenfrau wird mit Namen angerufen, die man kennt – ob es sich nun um die Weberin Arachne aus der Mythologie handelt oder um *Spider-Woman* bzw. die ‚Spider-Women' aus dem Superhelden-Universum der US-amerikanischen Popkultur.[21] Was vielmehr irritiert, ist dass diese

20 Vgl. hierzu Michalsky / Michalsky: *Spider*; Gießmann: *Die Verbundenheit der Dinge*; ders.: Netzwerke als Gegenstand von Medienwissenschaft. Abgrenzungen und Perspektiven. In: *MEDIENwissenschaft* 4 (2005), S. 424–429; Alexander Friedrich: *Metaphorologie der Vernetzung. Zur Theorie kultureller Leitmetaphern.* Paderborn: Fink 2015.

21 Vgl. Verena Kuni: The Future is Femail. Some Thoughts on the Aesthetics and Politics of Cyberfeminism. In: Cornelia Sollfrank / Old Boys Network (Hrsg.): *First Cyberfeminist International. A Reader.* Hamburg: obn 1998, S. 13–18.

Spinnenfrauen ausgerechnet im Umfeld einer intellektuell geprägten, kritisch-feministischen Perspektive begegnen, deren Inanspruchnahme der Netzkultur mithin in einen kulturhistorischen Horizont eingebettet wird, dessen von seiner traditionellen Lesart her tendenziell misogyne Prägungen kaum zu übersehen sind.[22]
Um diese Volte nachzuvollziehen, muss man sich unmittelbar an die Quelle(n) der Bewegung begeben, die sich um die Mitte der 1990er Jahre unter dem Label „Cyberfeminismus" zu etablieren beginnt. Eingeführt wird der Begriff, der von Beginn an eine Vielzahl von Konzepten einer feministischen Auseinandersetzung mit und Inanspruchnahme von Techno- und Netzkultur bezeichnet, nahezu zeitparallel von der kanadischen Künstlerin und Autorin Nancy Paterson, der australischen Künstlerinnengruppe VNS Matrix und der britischen Kulturwissenschaftlerin Sadie Plant, die ihm mit ihrem breit rezipierten Buch *Zeros + Ones. Digital Women and the New Technoculture* nicht nur den nachhaltigsten Eintrag in die zeitgenössischen Diskurse verschafft haben dürfte, sondern auch auf exemplarische Weise die Inanspruchnahme der kulturgeschichtlichen Tradition für eine feministische Lesart der digitalen Technologien vorführt. Das zentrale Argument – von „webenden Frauen" verfertigte „Textilien selbst sind buchstäblich das Software-Unterfutter aller Technologie"[23] – erscheint eingespannt in eine Narration, die sich selbst als Netzwerk versteht:

> Ariadnes Faden und der berühmte Wettstreit, in dem die göttliche Athene das Gewebe der sterblichen Arachne in Fetzen riß, gehören zu den vielen mythischen Verbindungen zwischen Frauen und Geweben, Spinnerinnen und Spinnentieren, dem Spinnen von Garn und dem Ausspinnen von Geschichten.[24]

Die Weberin Arachne wird, gemeinsam mit „Spinnerinnen und Spinnentieren", zur Referenzfigur für eine gleichsam genuine Weiblichkeit von (Netz-)Technologie und Technik- bzw. Netzkompetenz erklärt. Das ‚so ... wie ...' verfolgt indessen vor allem einen Zweck: die Struktur der Herstellung von Geschichte aus Geschichten offenzulegen, wobei

22 So handelt es sich etwa auch bei *Spider-Woman* (alias *Arachne*) bis *She-Venom* durchgängig um ambivalent angelegte bis dezidiert negativ belegte Figuren; eine interessante Erscheinung ist *Madame Web*, vgl. http://marvel.com/universe/Category: Spider-Man; http://www.spiderfan.org/characters/index.html (Zugriff am 01.12.2016).

23 Plant: *Nullen + Einsen*, S. 77.

24 Ebd., S. 86.

erstere zugleich im Zuge der mimetischen Aneignung gegen den Strich gelesen bzw. lesbar wird. Um genau diese Wendung, die am Situationismus geschulte und in der Folge vom politischen ebenso wie speziell vom feministischen Aktivismus ab den 1970er Jahren in vielen Facetten praktizierte Re-Appropriation im Sinne einer strategischen Wiederaneignung und Umwertung, geht es nicht nur bei Sadie Plant,[25] sondern auch – mindestens in weiten Teilen – insgesamt in den cyberfeministisch geprägten Theorien und Praktiken dieser Zeit.[26]

Hinsichtlich der Frage nach den Deutungs-, Verständnis- und Erkenntnispotenzialen einer Arachnomimesis ist allerdings noch eine weitere Quelle erwähnenswert: Das „Manifesto for Cyborgs", das Donna Haraway in einer ersten Fassung 1985 publiziert und das über seine neuerliche Veröffentlichung in *Simians, Cyborgs, and Women. The Reinvention of Nature* ab 1991 eine nochmals breitere Rezeption erfährt.[27] Besonders bedeutsam ist Haraways Ansatz insofern, als hier nicht nur eine Re-Appropriation tradierter Narrationen vorgeschlagen und exemplarisch vorgeführt wird. Vor allem anderen finden sich im „Manifesto" die Fundamente für eine die Konditionen von TechnoNaturKultur berücksichtigende Multispezies-Perspektive angelegt, wie sie von Haraway selbst in ihren nachfolgenden Publikationen konsequent weiter gedacht und argumentiert werden. Im engeren Kontext der Netzkultur und der sie begleitenden Theoriebildung mag sich dieser Strang zunächst noch kaum abbilden – es sollte jedoch zur Kenntnis genommen werden, dass er sich mittelbar ebenso wie weitere aus den Grundgedanken des „Manifesto" hervorgehende Fluchtlinien perspektivisch als von eminenter Tragweite erwiesen hat.

Wenn sich die Verflochtenheit dieser Diskurse im Umfeld feministisch und cyberfeministisch informierter Theoriebildung, aber auch in den Science and Technology Studies sowie in den im Dialog mit diesen stehenden künstlerischen Projekten des ausgehenden 20. Jahrhunderts

25 Vgl. Sadie Plant: *The Most Radical Gesture. The Situationist International in a Postmodern Age*. London / New York: Routledge 1992.

26 Wohl am konsequentesten für eine arachnomimetische Perspektive in Anspruch genommen findet sich diese Strategie bei Helene von Oldenburg: Spiderfeminsim. In: Sollfrank / Old Boys Network (Hrsg.): *First Cyberfeminist International*, S. 46–49. http://www.obn.org (Zugriff am 01.12.2016).

27 Vgl. Donna Haraway: A Manifesto for Cyborgs. Science, Technology, and Socialist Feminism in the 1980s. In: *Socialist Review* 80 (1985), S. 65–108; dies.: *Simians, Cyborgs, and Women. The Reinvention of Nature*. New York / London: Routledge 1991.

bereits abzubilden beginnt, sind es gleichwohl zunächst andere Figur(ation)en[28], die im Mittelpunkt der Auseinandersetzung stehen: allen voran die bzw. der Cyborg[29] sowie ihr als Misch- bzw. Hybridwesen prinzipiell verwandt erscheinende Formationen des Monströsen.[30] Befragt man diese wiederum nach charakteristischen Merkmalen, so kommen eben jene kulturell tradierten Projektionen in Frage, die zuvor die Vogelspinnen für den populären Horror- und Science Fiction-Film qualifizierten: Die Kombination von Körperbau und Bewegungsmechanik, die sie ebenso wie die ihnen zugesprochene Wehrhaftigkeit und Aggression an Techno-Phantasien anschlussfähig erscheinen lassen. Zugleich verschiebt sich die Ursache des Horrors: War diese zuvor in der offenkundigen Verschiedenheit von der menschlichen Spezies angelegt, so wird aus dem Alien nun ein/e potenzielle/r Artverwandte/r.[31]

Mother Spider

Tatsächlich findet sich diese Perspektive durchaus schon im gleichnamigen Spielfilm und seinen Sequels angelegt, die den Diskurs um Mutterschaft im Spannungsfeld von Verwandtschaft und (An-)Verwandlung, Identität, Fremdheit und Identifikation mit einem genuin Anderen aufrufen[32] – und der mithin, obgleich die Aliens

28 In Anlehnung an Haraway: *When Species Meet*, S. 4, die hier auf den im Wortstamm angelegten Doppelklang von Bild(werdung) und Gestalt verweist.

29 Vgl. Chris Hables Gray (Hrsg.): *The Cyborg Handbook*. New York / London: Routledge 1995.

30 Vgl. Rosi Braidotti / Nina Lykke (Hrsg.): *Between Monsters, Goddesses and Cyborgs. Feminist Confrontations with Science, Medicine and Cyberspace*. London / New Jersey: Zed 1996.

31 Vgl. Verena Kuni: Metamorphose im Zeitalter ihrer techn(olog)ischen Reproduzierbarkeit. In: Eva Huber (Hrsg.): *Technologien des Selbst. Zur Konstruktion des Subjekts*. Frankfurt am Main / Basel: Stroemfeld 2000, S. 52–75; dies.: THEM'R'US? Phantasmatische Insektenkunde als angewandte Futurologie. In: Carina Plath (Hrsg.): *Einmal Empire und zurück. Futurologischer Kongress*. Frankfurt am Main: Revolver 2008, o. P., dies.: „Resistance Is Futile". Von der Alien-Anthropologie zur Cyborg-Entomologie. In: Sabine Sanio (Hrsg.): *Kunst und Technik in medialen Räumen*. Saarbrücken: Pfau 2010, S. 39–58.

32 Vgl. die vier zwischen 1979 (*Alien*, R: Ridley Scott) und 1997 (*Alien: Resurrection*, R: Jean-Pierre Jeunet) entstandenen Spielfilme und neben Kuni: Metamorphose auch Ulrike Bergermann: Hollywoods Reproduktionen. Mütter, Klone, Aliens. In: Insa Härtel / Sigrid Schade (Hrsg.): *Körper und Repräsentation*. Opladen: Leske + Budrich 2002, S. 197–204.

neuerlich nach dem Bild staatenbildender Insekten und nicht dem der Spinne modelliert sind, als durchaus modellhaft für die spezifische Mischung aus Faszination und Unbehagen begriffen werden kann, die ganz ähnlich auch die Spinne als Figur mimetischer Projektion qualifiziert.

Die wohl anspruchsvollste Durcharbeitung dieses Komplexes hat 2001 Joanna Zylinska mit ihrem Buch *On Spiders, Cyborgs and Being Scared: The Feminine and the Sublime* vorgelegt.[33] Wie der Titel des Buchs bereits ankündigt, nimmt Zylinska nicht nur die zentralen Figuren des (cyber-)feministischen Diskurses an eben jenem Punkt auf, der im Zuge der Re-Appropriation in seinen Koordinaten nicht verschoben werden kann: Schließlich ist es die Arachnophobie, also die kulturell konditionierte Angst vor der Spinne, die dieser erst eine machtvolle Position verleihen kann. Um sie kritisch zu analysieren, ohne sie aufgeben zu müssen, schlägt Zylinska zum einen den methodischen Anschluss an den seinerseits psychoanalytisch geschulten Dekonstruktivismus und zum anderen die Verknüpfung mit der ästhetischen Kategorie des Erhabenen vor, in der eine ganz ähnliche Konstellation von Schönheit und Schrecken bzw. Bewunderung und Angst aufgehoben ist, wie sie etwa auch ‚dem Weiblichen' und ‚der Spinne' entgegengebracht wird.

> The spiders and cyborgs of my title can be seen as harbingers of unprecedented couplings and unwanted connections. In this sense, the spider and the cyborg are next of kin, inhabiting both the natural and the technological world and transgressing the distance between human and inhuman. The respective feelings of arachnophobia and technophobia they evoke reflect a broader anxiety at the heart of the modern world, which both bemoans the loss of the natural and passionately yearns for the alien. We can see these anxieties in recent controversies over genetically modified food, organ transplants, plastic surgery, cloning and 'foetus personhood', to name but a few of the aspects of the battle for (or against) the control of Nature. These fears and desires, often formulated in clearly polarised, dialectical terms, seem to me to be also representative of the negative pleasure that is associated with the sublime, i. e. "a strong and equivocal emotion [which] carries with it both pleasure and pain".[34]

Dass Zylinska zugleich in zwei intermittierenden Kapiteln, die sie mit dem Rubrum „Webwords" fasst, ihr eigenes Schreiben explizit mit dem Gegenstand ihrer Analyse identifiziert, kann dabei nicht nur als

33 Vgl. Zylinska: *On Spiders*, S. 6.

34 Ebd., S. 7 (und als Zitat im Zitat: Jean-François Lyotard: *The Postmodern Condition. A Report on Knowledge*. Manchester: Manchester UP 1986, S. 77).

Bekenntnis zu jener *écriture feminine* gewertet werden, von der auf seine Weise auch der Dekonstruktivismus informiert ist und in deren Tradition auch Plants Buch und ein Teil des cyberfeministischen Diskurses angesiedelt sind. Hieraus spricht zudem der an Haraway geschulte Versuch, das Bekenntnis zu einem situierten Wissen in eine Praxis zu übersetzen, die sich der Verwobenheit der eigenen Position auch mit jenen Strängen bewusst ist, auf die ihre kritische Analyse zielt.

Vor diesem Hintergrund erscheint es nur stimmig, dass auf dem Einband von Zylinskas Buch eine Spinne figuriert, die mit den Debatten, die zeitgleich um TechnoScience und Netzkultur geführt werden, erst einmal wenig zu tun zu haben scheint: nämlich die monumentale Plastik *Maman* (1999) der franko-amerikanischen Bildhauerin Louise Bourgeois.[35]

Nahezu zeitparallel mit der Öffnung und Popularisierung des World Wide Web entlässt die Künstlerin eine Reihe von Arbeiten aus ihrem Atelier, in denen sie das ab den 1990er Jahren in ihrem Werk dominierende Thema der *Cells*[36] – Kreuzungen aus Käfigen und intimen Kabinetten – gleichsam organisch transformiert: riesige, vom Körperbau her vage an Weberknechte erinnernde Spinnen, deren Dimensionen es Menschen gestatten, zwischen den Beinen hindurchzugehen oder stehen zu bleiben. Ob man sich in dieser Position beschützt oder bedroht fühlt, mag jede/r selbst entscheiden – zumal es genau die in diesem Spektrum aufgehobene Ambivalenz ist, die für Bourgeois' Œuvre insgesamt charakteristisch ist. Letzteres gilt auch für die Autobiographie und Werk verwebenden Kommentare, die von der Künstlerin überliefert sind und die in der Rezeption einen dementsprechenden Widerhall gefunden haben.[37] So verführerisch es sein mag, den jeweiligen Fäden der Narration von der elterlichen Tapisserie-Manufaktur und von emotionalen Verstrickungen in ein kaum entwirrbares Geflecht von Geborgenheit, klaustrophober Enge, Befreiung und Entblößung zu den Arbeiten zu folgen: wäre die Lehre der „Mother Spider" nicht vielmehr, dass sie vor allem das sind, was Zylinska „Webwords" nennt, also Teil einer Position, die reflektiert, indem sie sich identifiziert?

35 Vgl. Unterdörfer (Hrsg.): *Louise Bourgeois. The Spider and the Tapestries.*

36 Vgl. Rainer Crone / Petrus Schaesberg: *Louise Bourgeois. Das Geheimnis der Zelle.* München: Prestel 1998.

37 So u.a. die Gespräche in Christiane Meyer-Thoss: *Louise Bourgeois. Konstruktionen für den freien Fall.* Zürich: Ammann 1992.

Eben dieser Faden lässt sich in mehreren Beiträgen der niederländischen Kulturwissenschaftlerin Mieke Bal weiterverfolgen, deren Methode und Praxis der Kulturanalyse, ähnlich wie jene Zylinskas, Einflüsse des französischen Dekonstruktivismus und der feministischen Theorie aufweisen.[38] Im Dialog mit Louise Bourgeois' Spinnen-Plastiken entwirft Bal eine das mimetische Vermögen aufrufende Theorie und Praxis des Schreibens über Kunst. Wenn sie mit der direkt an die *Cells* anknüpfenden, Zelle und Spinnenkörper verknüpfenden Variante der *Spider* von 1997 auf eine Arbeit fokussiert, die wortwörtlich als arachnomimetische Architektur aufgefasst werden kann, wird darüber hinaus eine alternative Perspektive auf eben jene Relation von Ort, (Selbst-)Verortung, Subjekt, Körper, Raum und Architektur eröffnet, die in den zeitgenössischen Debatten um ‚Cyberspace' und Netzkultur von zentraler Bedeutung ist – mit den auf das Spinnennetz gemünzten Metaphern und Analogien allein jedoch nicht eingefangen werden kann. Denn letztlich geht es hier darum, einen „Discours de la méthode" zu führen – ohne den die Arachnomimesis nachgerade absehbar neuerlich der Diskursmacht tradierter, von Dichotomien geprägter Denkstile zum Opfer fallen muss.

Netz-Architekturen (II)

Insofern fällt es nicht schwer, zu verstehen, dass und warum sich eine breite Mehrheit jener Diskurse, die auf die Metapher des Spinnennetzes rekurrieren, kaum wirklich auf radikalere Perspektivwechsel einzulassen vermag, wie sie Mieke Bal mit ihrer „[auto-]topography made of holes"[39] vorschlägt. Mindestens im Feld der Netzwerktechnologie sind Löcher aus naheliegenden Gründen schlichtweg unerwünscht – hier soll ein Netzwerk den Raum möglichst lückenlos abdecken bzw. füllen; ganz ähnlich soll auch niemand und nichts durch Löcher in sozialen Netzwerken fallen. Was in diesem Kontext interessiert, sind die Dichte, die Stabilität der Verbindungen und die Verknüpfung der Knoten.

Kaum weniger verwundert es, dass sowohl die Spinne wie auch ihr Netz nach der Jahrtausendwende an positivem Identifikationspotenzial verlieren. Unter den Vorzeichen von ‚Web 2.0' und ‚Social Media' hat

38 Vgl. Bal: *Louise Bourgeois' Spider*; dies.: Narrative Inside Out. Louise Bourgeois' Spider as Theoretical Object. In: *Oxford Art Journal* 22,2 (1999), S. 103–126; dies.: Autotopography. Louise Bourgeois as Builder. In: *Biography* 25,1 (2002), S. 180–202.
39 Vgl. Bal: Autotopography, S. 196.

derweil mit dem von der Architektur auf die NutzerInnen umschwenkenden Interesse das Bild des Schwarms Hochkonjunktur, mit dem die hier bereits über das „Hive Mind“ etablierten Bienen sich sehr viel besser identifizieren lassen[40] – anders als die als Solitär geltende Spinne, deren Handeln im Kollektiv in der populären Wahrnehmung schon früh mit Horror assoziiert wird.

Vor allem aber hat auch der Netzdiskurs zu einer negativen Belegung des Spinnennetzes zurückgefunden. So kann etwa bei dem US-amerikanischen Informatiker William H. Inmon das „Spider-Web“ nunmehr als (Schreckens-)Bild einer planlos gewachsenen Netz- bzw. Serverarchitektur figurieren, der es an Datenintegrität mangelt und die es als Überbleibsel eines unstrukturierten Vorgehens in der Pionierzeit zugunsten einer planvoll angelegten – man möchte ergänzen: hierarchisch kontrollierten – Netzstruktur schleunigst abzuschaffen bzw. fürderhin zu vermeiden gilt:

> One looks at a spider's web with awe. Consider the poor people who have to cope with such an environment and try to use it for making good corporate decisions. [...] The truth is that the spider's web environment for corporations was a dead end insofar as architecture was concerned. There was no future in trying to make the spider's web environment work.[41]

Die Metapher des klebrigen, für den Beutefang gebauten Spinnennetzes wiederum findet sich just auf jene Netzwerke angewendet, für deren Bau das Spinnennetz in den 1990er Jahren durchaus noch als positives Modell in Anspruch genommen werden mochte, wenn sie den Informatikern Arno Rolf und Arno Sagawe in ihrem Buch *Des Googles Kern und andere Spinnennetze. Die Architektur der digitalen Gesellschaft* als Bild für die Strukturen der neuen, von global agierenden und sich als die Netzkultur fördernde Wohltäter oder mitunter sogar als ‚soziale Netzwerke‘ maskierenden Unternehmen geprägten Netzökonomie herangezogen wird.[42]

40 Vgl. Kuni: „Resistance Is Futile“; Eva Horn / Lucas Marco Gisi (Hrsg.): *Schwärme – Kollektive ohne Zentrum. Eine Wissenschaftsgeschichte zwischen Leben und Information*. Bielefeld: Transcript 2009.

41 Vgl. William H. Inmon / Derek Strauss / Genia Neushloss: *Studyguide for DW 2.0. The Architecture for the Next Generation of Data Warehousing*. Amsterdam: Kaufmann 2010, S. 4.

42 Arno Rolf / Arno Sagawe: *Des Googles Kern und andere Spinnennetze. Die Architektur der digitalen Gesellschaft*. Konstanz / München: UVK 2015.

Die Fotografie eines mit glitzernden Wassertropfen durchsetzten Spinnennetzes auf dem Einband des Buchs mag ebenso wie der klingende Titel zunächst der verlegerischen Verkaufslogik geschuldet sein. Im Einklang mit der Metapher des Spinnennetzes verstärkt sie freilich die Suggestion einer naturalisierenden Lesart wenn nicht der Technologie als solcher, so doch ihres sozialen und ökonomischen Gebrauchs. Und auch Inmon setzt auf die Rhetorik einer scheinbaren Evidenz, wenn er seine Schmähung des „Spider-Web" mit einer Grafik illustriert, die er als „[diagram of] a real spider-web environment" bezeichnet, und in diesem Zuge lakonisch kommentiert: „When one looks at the general structure of the systems, it is easy to see where the name spider web came from."[43]

Bereits aus diesen beiden Beispielen lassen sich zwei Schlüsse ziehen: Zum einen wird deutlich, dass es offenbar gerade in einer Zeit, die zwischen Netzen und Netzen unterscheiden gelernt hat, umso leichter von der Hand zu gehen scheint, allein aus rhetorischen Gründen und wider besseres (Fach-)Wissen auf tradierte Bilder zurückzugreifen, so unpassend sie auch sein mögen. Zum anderen kann die einander nachgerade diametral entgegenstehende Adressierung von Analogie und Metapher als Beleg dafür gewertet werden, dass es sich hier keineswegs um sach- oder gar entwicklungslogische Ableitungen, sondern in der Tat um Belege für die Willkür handelt, mit der arachnomimetische Argumentationen in Gebrauch genommen werden können.

Man könnte an diesem Punkt zu dem Schluss gelangen, dass ein Zuwachs an bzw. die Verfügbarkeit von Wissen über technologische und biologische Systeme – hier: einerseits Netzwerke, andererseits Spinnennetze – nicht automatisch zu einer Verabschiedung vom Mythos führt. Vielmehr mag eine wie auch immer rhetorisch bemühte mythologische Einbildungskraft umso mehr zu verfangen, als dem Menschen ein mimetisches Begehren innezuwohnen scheint, das sich in der Projektion realisiert, die wiederum als Ordnungs- und Selbstversicherungsprinzip funktioniert. Warum sollte ausgerechnet die Spinne aus diesem Netz entkommen können?

43 William H. Inmon / Daniel Linstedt: *Data Architecture. A Primer for the Data Scientist. Big Data, Data Warehouse and Data Vault*. Amsterdam: Kaufmann 2014, S. 95, Abb. 3.1.8. u. S. 97.

Spinnenzeit, C(h)thul(h)uzän

Wenngleich sich letztere Frage nur rhetorisch stellen mag, darf indessen doch interessieren, wie sich eben jene Disziplinen, die sich mit Reflexionen von TechnoNaturKultur beschäftigen, zu diesem Komplex verhalten. So haben sich die Kultur- und Medien(kultur)wissenschaften, in denen die Auseinandersetzung mit Mimesis(-Theorien) schon lange verortet ist,[44] in den vergangenen Jahren verstärkt mit den historischen Grundlagen ebenso wie den zeitgenössischen Effekten und Affekten von Rekursen auf mythologische und biologische Metaphern befasst – was umso näher liegen mag, als sich der Mensch bei der Entwicklung von Technologien nach wie vor am ‚Vorbild der Natur' orientiert. Letzteres wiederum hat es nahegelegt, in diesem Kontext auch einer die Materialität der (Medien-)Technologie und der mit ihr verbundenen Praktiken berücksichtigenden Perspektive Rechnung zu tragen – wie sie etwa für einen dem Fokus der hier angestellten Überlegungen verwandten Gegenstand Jussi Parikka mit seiner Studie zu *Insect Media* verfolgt.[45] In jüngerer Zeit sind es zudem die Human Animal Studies gewesen, aus deren Kreis die Frage nach dem mimetischen Vermögen des Menschen neu gestellt worden ist.[46] Insbesondere Ansätze, die nach Problemen und Potenzialen einer den Anthropozentrismus verabschiedenden „Interspecies Communication" bzw. „Multispecies Communication" fragen und in deren transdisziplinären Orientierungen kaum zufällig auch die eingangs genannten Disziplinen zusammenkommen können,[47] erweisen sich als vielversprechend, wenn man nach Alternativen zu Argumentationsmustern Ausschau hält, wie sie für die neue alte Spinnenfeindlichkeit begegnen.

Dennoch verwundert es kaum, dass die Spinne bis dato nicht eben zu den prominentesten Protagonisten der Human Animal Studies zählt – und wo sie in den Fokus gerät, die notorische Ambivalenz von Faszination und Phobie nach wie vor den zentralen Referenzpunkt ausmacht.[48]

44 Vgl. für aktuellere Orientierungen *Ilinx* 2 (2011): Mimesen.

45 Vgl. Jussi Parikka: *Insect Media. An Archeology of Animals and Technology*. Minneapolis / London: University of Minnesota Press 2010.

46 Vgl. etwa die Konferenz *Animal Mimesis* (LMU München, 30.06.–01.07.2016) und Robert Storey: *Mimesis and the Human Animal. On the Biogenetic Foundations of Literary Representation*. Evanston: Northwestern UP 1996.

47 Vgl. Eben Kirksey (Hrsg.): *The Multispecies Salon*. Durham / London: Duke UP 2014.

48 Vgl. Lynda Birke: Interwoven Lives. Understanding Human/Animal Connections. In: Tora Holmberg (Hrsg.): *Investigating Human/Animal Relations in Science,*

Ebenso wenig erstaunt es, dass sie als Weberin und Netzarchitektin in den traditionell historisch orientierten Kultur- und Medienwissenschaften dem aktuellen Stand entsprechend breiter und differenzierter gewürdigt wird – zugleich aber die beschriebenen Prägungen, die ihre kulturelle Rezeption bis ins die jüngste Zeit zeichnen, kaum an Wirkmacht eingebüsst haben, zumal sie sich letztlich auch in kritisch orientierten Diskursen widerspiegeln.

Jüngere Publikationen wie Sebastian Gießmanns Studie über *Die Verbundenheit der Dinge. Eine Kulturgeschichte der Netze und Netzwerke* berücksichtigen diese Verwobenheit einerseits und reflektieren sie, schreiben sie aber anderseits auch ihrerseits fort: Die Re-Etablierung von Arachne als Protagonistin einer Kulturtechnik trägt dazu bei, die Bedeutung der Arachnomimesis in diesem Prozess präziser beschreiben und verorten zu können, wiewohl sich in diesem Zuge einmal mehr herausstellt, dass es dabei nie um ‚Natur' oder gar ‚Naturerkenntnis' gegangen ist – es sei den mittelbar in dem Sinne, dass der Mensch von der Spinne und ihrem Weben etwas für und über sich, seine menschlichen, technischen bzw. technologischen, kulturellen Potenziale und Probleme lernt.

Dies ist durchaus folgerichtig. Einmal abgesehen davon, dass das Gros der Beiträge aus den Kultur- und Medienwissenschaften ohnehin auf Netze und Netzwerke abzielt[49] und schon deshalb die Spinne tendenziell eine Randfigur bleibt,[50] geht es auch dort, wo von ihr die Rede ist, immer schon um eine Projektionsfigur. Das Lebewesen, das die Ordnung der *Araneae* vertritt, kann in diesem Diskursrahmen allenfalls bedingt, nämlich als ‚Vertreter(in)' oder ‚Repräsentant(in)' zur Geltung gelangen – und dabei vertritt oder repräsentiert es nicht sich selbst, sondern ein Konzept.

Indessen werden in der Arachnomimesis Mensch und Spinne in ein Ähnlichkeitsverhältnis gesetzt. Zugespitzt formuliert wäre zudem mit Blick auf die modernen Mimesistheorie(n) hinzuzufügen, dass

Culture and Work. Uppsala: Centrum för genusvetenskap / Uppsala universitet 2009, S. 18–31, insb. S. 20–21.

49 Vgl. Gießmann: Netzwerke als Gegenstand von Medienwissenschaft; Friedrich: *Metaphorologie der Vernetzung*.

50 Zu den Ausnahmen zählt Klaus Beyrer (Hrsg.): *Das Netz. Sinn und Sinnlichkeit vernetzter Systeme.* Ausstellungskatalog Museum für Kommunikation Berlin. Heidelberg: Umschau/Braus 2002; hingegen finden im „dem Kult des Netzes und der ständigen Vernetzung" gewidmeten Themenheft „Die spinnen" der *Zeitschrift für Ideengeschichte* 4 (2013) die Tiere keine Erwähnung.

dieser Prozess nicht nur notwendig vom biologischen Lebewesen abstrahiert, sondern im weiteren Verlauf von ihm absehen muss, um als solcher zu funktionieren. Dies wiederum betrifft nicht nur ein mimetisches Begehren, sondern ist auch konstitutiv für eine Mimesis, die ihrerseits stets in Relation zur Alterität zu denken ist. Aber gilt es nicht, Roger Caillois' Hinweis und seiner Kritik eines „negativen Anthropozentrismus" folgend, gerade umgekehrt die Bedeutung der Tatsache anzuerkennen, dass der Mensch „ein Tier [...] wie alle anderen" ist?[51] Umso mehr sollte interessieren, ob und wie es gelingen kann, weiterführend aus der langen Geschichte der Arachnomimesis zu lernen und diese dabei für neue Perspektiven zu öffnen.

Am Ende ihres Durchgangs durch die Kultur- und Rezeptionsgeschichte schlagen Katarzyna und Sergiusz Michalsky vor, die Spinne unmittelbar im Spiegel der zeitgenössischen Entwicklungen zu betrachten. Das Bild, das wir uns von ihr und ihren Handlungen machen, passe in einer moderne Zivilisation, die nicht nur von einer zunehmenden Verunklärung der Beziehungen zwischen Subjekt und Objekt gezeichnet sei, sondern deren politische und gesellschaftliche Prozesse ebenso wie die technologisch generierten Umgebungen dazu tendierten, in ihrem Zentrum eine Leere zu generieren.[52]

Unabhängig davon, ob man diese Einschätzung teilt, scheint die abschließende These, zu der die beiden gelangen, zweifellos interessant – zumal sie direkt in Form einer doppelt als rhetorisch markierten Frage an die Leserschaft weitergereicht wird: „Are we indulging in rhetorical hyperbole by suggesting the spider has become now one of the emblematic creatures of the post-industrial world?"[53]

Noch bevor hierauf geantwortet werden kann, gilt es zunächst noch einmal zu fragen, ob und wenn ja inwiefern die angesprochenen Diskurse der Human Animal Studies dazu beitragen könnten, andere Perspektiven auf das ‚so ... wie ...' zu entwickeln als jene, die aus den beschriebenen Gründen die dominierende Lesart der Arachnomimesis weithin bestimmen. Wenn es mindestens vorläufig schwer möglich scheint, einen kompletten Seitenwechsel zu denken – der streng genommen voraussetzen würde, dass Spinnen ihrerseits einer

51 Vgl. Roger Caillois: Méduse et Cie. In: Ders.: *Méduse et Cie. Die Gottesanbeterin. Mimese und legendäre Psychasthenie*. Berlin: Brinkmann & Bose 2007, S. 45–139, hier S. 53.

52 Michalsky / Michalsky: *Spider*, S. 198.

53 Ebd.

Anthropomimesis etwas abzugewinnen vermöchten –, so könnte es beispielsweise schlicht darum gehen, Spinnen in ihrer Vielfalt, ihren Lebensgewohnheiten und Aktivitäten differenzierter wahrzunehmen und auf dieser Basis zu überlegen, was wir von ihnen lernen können, zumal wenn wir uns ihnen angleichen.

Einen solchen Ansatz darf man im Feld der zeitgenössischen Kunst womöglich schon bei Louise Bourgeois ausmachen, wenn sie unsere Aufmerksamkeit auf die biologisch für viele Arten belegte Mütterlichkeit der weiblichen Spinne lenkt. Wenn Tomás Saraceno[54] wiederum für seine raumgreifenden Installationen gemeinsam mit Arachnologen[55], Ingenieuren, Technikern und Programmierern[56] arbeitet, um die Struktur- und Bauprinzipien der Netze bestimmter Spinnenarten auf vom Menschen begehbare Dimensionen zu übertragen, dann mag sich dies zunächst einmal kaum von den letztlich utilitaristisch geprägten Ansätzen unterscheiden, wie sie in Architektur und Materialwissenschaften gang und gäbe sind.[57] Wo Saraceno jedoch im Rahmen seiner Ausstellungen dazu einlädt, einerseits auch die als Vorbild dienenden Spinnennetze mitsamt ihren ErbauerInnen in den Blick zu nehmen und andererseits in der körperlichen Erfahrung der von ihm errichteten Netzkonstruktionen unmittelbar die Grenzen des Nacheiferns zu spüren, lässt sich prinzipiell durchaus eine neue Perspektive auf die Arachnomimesis erkennen. So will auch Saraceno selbst seine Zusammenarbeit mit Spinnen – die er zuletzt über die

54 Vgl. Marion Ackermann / Udo Kittelmann / Hans-Ulrich Obrist (Hrsg.): *Tomás Saraceno. Cloud Cities.* Ausstellungskatalog Hamburger Bahnhof – Museum für Gegenwart, Berlin / Kunstsammlung Nordrhein-Westfalen / K21 Ständehaus, Düsseldorf. Berlin: Distanz 2011; Sara Arrhenius (Hrsg.): *Tomás Saraceno. 14 Billions (Working Title).* Mailand: Skira 2012, sowie die Webseite des Künstlers: http://www.tomassaraceno.com (Zugriff am 01.12.2016).

55 So namentlich mit Peter Jäger (Senckenberg Forschungsinstitut und Naturmuseum Frankfurt am Main), der unmittelbar in die Projekte einbezogen ist und für mehrere von Saracenos Publikationen Beiträge verfasst hat.

56 Vgl. Christof Wulff / Dieter Steineck / Adrian Krell / Tomás Saraceno: Zu Hause bei der Schwarzen Witwe. Pilotprojekt zur stereoskopischen Vermessung eines dreidimensionalen Spinnennetzes. In: Thomas Luhmann / Christina Müller (Hrsg.): *Photogrammetrie, Laserscanning, optische 3D-Messtechnik. Beiträge der Oldenburger 3D-Tage 2010.* Berlin: Wichmann/VDE 2010, S. 268–271.

57 Vgl. Wulff / Steineck / Krell / Saraceno: Zu Hause bei der Schwarzen Witwe; Walter Scheiffele: *Das leichte Haus. Utopie und Realität der Membranarchitektur. Bruno Taut, Paul Scheerbart, Hermann Finsterlin, Hugo Junkers, Siegfried Ebeling, Frei Otto, Gerhard Helmcke, Werner Sobek, Matthias Schuler, Tomás Saraceno.* Leipzig: Spector 2015.

Netzarchitekturen hinaus auf das Feld der Klanggeneration erweitert hat[58] – als Beitrag zu einer Erforschung möglicher Multispezies-Kommunikationen verstanden wissen.[59]

Zweifelsohne muss man kritisch darauf verweisen, dass dieser Blick nach wie vor im Rahmen eines tradierten Machtgefüges situiert ist, das auf der von Menschen für Menschen inszenierten Exposition des Tiers basiert. Zugleich können Saracenos Installationen – gerade weil sie die Modellsituation auch ästhetisch vermitteln, anstatt ein scheinbar natürliches Habitat zu simulieren, und weil wir als Menschen aktiv herausgefordert werden, uns selbst als Teil dieser Modellsituation zu begreifen – durchaus die Erkenntnis befördern helfen, dass wir ebenso wie die Spinnen und ebenso wie weitere lebende und nicht-lebende Akteure Teil eines dicht verwobenen Systems von TechnoNaturKulturen sind.[60]

In diesem Sinne hat nun auch Haraway in einem ihrer jüngeren Beiträge dazu aufgefordert, nach neuen Beziehungen und möglichen Verwandtschaften Ausschau zu halten – und zwar, um den präfigurierten Logiken einer über Jahrtausende eingeübten, anthropozentrisch geprägten Denk- und Handlungstradition zu entgehen, gerade unter jenen Lebewesen, die der Mensch als sich genuin fremd begreift:

> We need another figure [...] to erupt out of the Anthropocene into another, big-enough story. Bitten in a Californian redwood forest by a spidery *Pimoa chthulhu*[61], I want to propose snaky Medusa and the many unfinished worldings of her antecedents, affiliates and descendants.[62]

58 Das Projekt entstand mit Spinnen der Spezies *Nephila keniensis* und *Cyrtophora citricola* sowie zahlreichen menschlichen KooperationspartnerInnen. Vgl. http://www.arachnidorchestra.org (Zugriff am 01.12.2016).

59 Vgl. Tomás Saraceno: *Arachnid Inquiries for Multi-species Communication 2006–2016*. Berlin: Studio Tomás Saraceno 2016. Ich danke Tomás Saraceno und dem Studio Tomás Saraceno für das umfangreiche Material und den Austausch.

60 Vgl. neben Saraceno: *Arachnid Inquiries* auch die Materialien auf http://www.arachnidorchestra.org (Zugriff am 01.12.2016).

61 Der Name der Spinne lautet *Pimoa cthulhu* – Haraway benennt die Spinne absichtsvoll um, um sie von der Referenz auf H.P. Lovecrafts monströse Gottheit Cthulhu zu befreien und stattdessen den Bezug zur auch Ctulhus Namen zu Grunde liegenden etymologischen Wurzel „chtonisch" (von griech. χθόνιος, der Erde zugehörig) zu stärken.

62 Vgl. Donna Haraway: *Staying with the Trouble. Making Kin with the Chtulucene*. Durham / London: Duke UP 2016, S. 52.

Haraways Einladung zum „tentacular thinking" und ihrem Argumentationsfaden folgend, der ausgehend von Spinnen und Netzen über Fäden und Strings zu Medusen, Gorgonen und Oktopoden verläuft,[63] möchte man tatsächlich gern glauben, dass im „unfinished Chthulucene" eine zukunftsfähige Alternative zum Anthropozän und zum Kapitalozän als dessen bereits Gegenwart gewordener ‚Zukunft' zu finden ist.

> The tentacular ones make attachments and detachments; they [m]ake cuts and knots; they make a difference; they weave paths and consequences but not determinisms; they are both open and knotted in some ways and not others.[64]

Dass sich die „tentacular ones" – zumal sie uns auch in und als „nets and networks, IT critters, in and of clouds"[65] in der Technologie zu begegnen scheinen – für eine solches „making kin" besonders anbieten, mag auch ein Blick auf die aktuelle populäre Kultur und Kunst sowie die sie begleitende Theoriebildung bestätigen.[66] Einige der von Haraway genannten Achtbeiner stehen hier hoch im Kurs – neben den Oktopoden etwa auch das ursprünglich von H. P. Lovecraft ersonnene, in Teilen nach einem Oktopus modellierte Monster „Cthulhu".[67]
Oktopoden teilen mit der Spinne allerdings nicht nur die Zahl der Extremitäten.[68] Sie gehören wie diese zu den Lebewesen, die schon früh ins Fadenkreuz eines sehr spezifischen mimetischen Begehrens geraten sind, dessen von Faszination und Angst, Anziehung und Abwehr bestimmte Ausrichtung dazu geführt hat, dass wir uns mit ihrem Bild vertraut gemacht haben, um ihnen selbst nicht begegnen zu müssen. Und wie der Krake erweist sich, um mit Roger Caillois zu sprechen, auch die Spinne als „Beispiel für die Relais und Kreuzwege der Einbildungskraft"[69], die dieses mimetische Begehren dirigiert.

63 Vgl. Haraway: *Staying with the Trouble*, S. 30–57 (Kap. 2: „Tentacular Thinking. Anthropocene, Capitalocene, Chtulucene").

64 Ebd., S. 31.

65 Ebd., S. 32.

66 Vgl. Chuz Martinez: The Octopus in Love. In: *e-flux Journal* 55 (2014). http://www.e-flux.com/journal/55/60304/the-octopus-in-love/ (Zugriff am 01.12.2016).

67 Vgl. H. P. Lovecraft: *The Call of Cthulhu* (1928). https://en.wikisource.org/wiki/The_Call_of_Cthulhu (Zugriff am 01.12.2016).

68 Dies gilt freilich nicht für alle Kopffüßler; Kalmare haben beispielsweise zehn Extremitäten.

69 Vgl. Roger Caillois: *Der Krake. Versuch über die Logik des Imaginativen.* München: Hanser 1986, S. 142; selbst geht er u. a. auf die Ende des 19. Jh. von Jules Michelet, Victor Hugo und Jules Verne forcierte Analogie von Krake und Spinne

Vor diesem Hintergrund muss man die Frage von Katarzyna und Sergiusz Michalsky wohl mit einem klaren „Jein“ beantworten – nicht nur aufgrund ihrer doppelten Rhetorik: Nein, es ist nicht übertrieben, die Spinne zu den emblematischen Tieren unserer Zeit zu zählen. Damit ist nur wenig über (die) Spinne(n) und umso mehr über das Bild gesagt, das wir uns von unserer Zeit machen. Umso vorsichtiger gilt es mit Hoffnungen umzugehen, die in ihr mögliche Leitfiguren auf dem Weg in ein neues Zeitalter sehen. Allerdings hieße es Donna Haraway missverstehen, wollte man ausgerechnet ihr unterstellen, sie gebe sich mit dem Entwerfen alternativer Leit- und Zeitbilder zufrieden – ihre Vorschläge zielen stets auf die Herausforderung eines mimetisches Vermögens, das sich im Wissen um historisch geprägte ebenso wie gegenwärtige machtvolle Verstrickungen auf eben jene Orientierungen einzulassen wagt, die von Letzteren als riskant, horrend oder subaltern markiert worden sind.

In diesem Sinne mag es aus der Perspektive des Anthropo-Kapitalozäns betrachtet zwar ganz danach aussehen, als sei die Spinne – die im Unterschied zur Vielfalt ihrer biologischen Artgenossinnen ohnehin immer schon Bild und nur Bild ist[70] – nach wie vor zu tief ins Netz mimetischer Projektion(en) verstrickt. Indes: Dieses Netz ist kein Spinnennetz. Es ist von Menschen für Menschen gemacht.

ein (ebd., S. 46–65). Tintenfische begegnen bei Caillois bereits im Aufsatz Mimétisme et psychasthénie légendaire. In: *Minotaure* 7 (1935), S. 4–10 (dt. Mimese und legendäre Psychasthenie. In: Ders.: *Méduse et Cie*, S. 25–43).

70 Mit der Formulierung „nur Bild“ möchte ich darauf hinweisen, dass ebenso wie unser ‚Systema naturae‘ als solches auch die mit ihm etablierten Namensgebungen ein erhebliches, teils zudem von Analogien und Metaphern durchsetztes Bildpotenzial aufweisen.

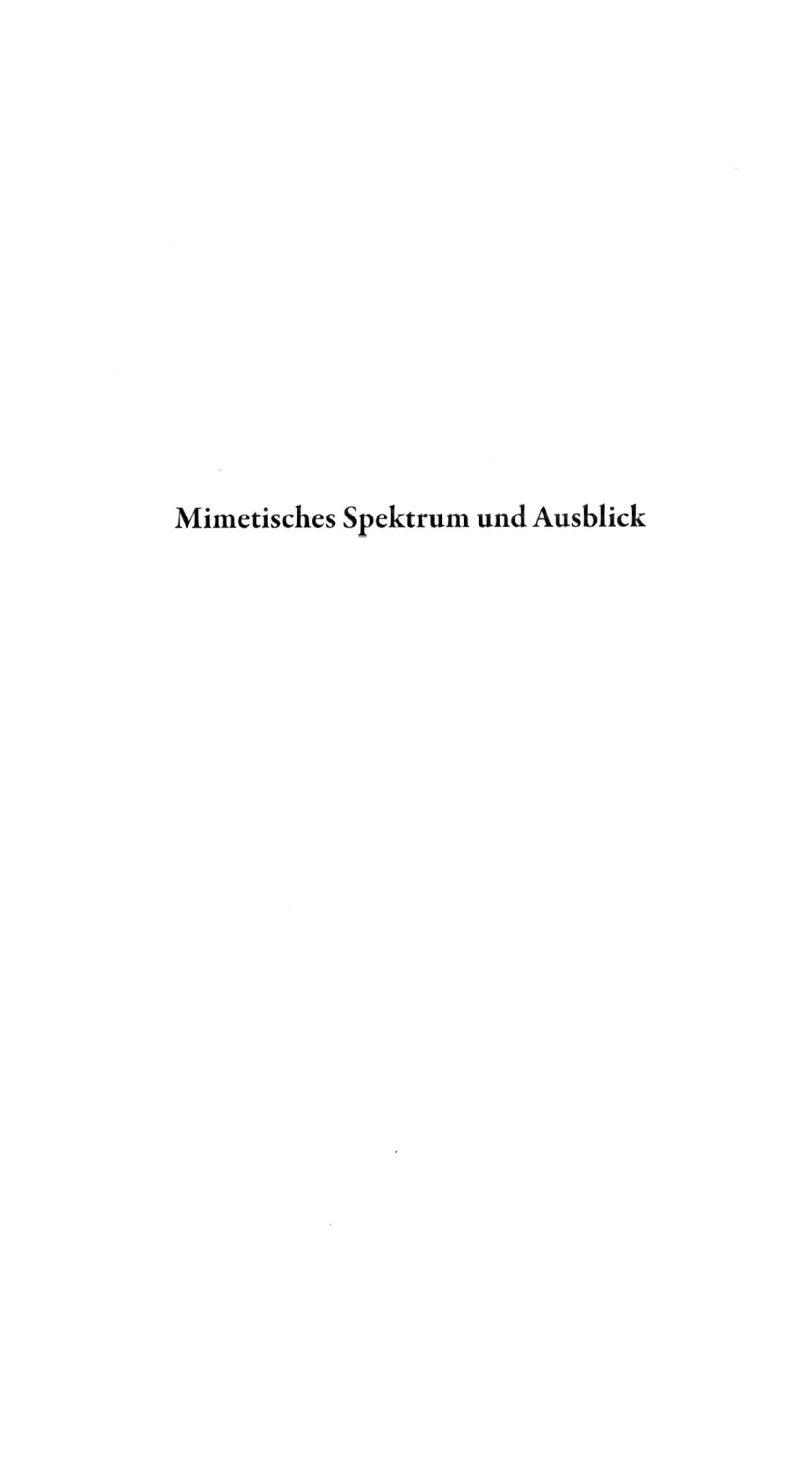

Mimetisches Spektrum und Ausblick

Animal Dances

Tierdarstellung im modernen und zeitgenössischen Tanz

Gabriele Brandstetter

In den letzten Jahren befassen sich immer mehr Choreograph_innen mit dem Thema „Tier". Woher, warum dieses Interesse? Sind die Debatten der Human-Animal Studies im Feld von Tanz und Choreographie angekommen? Und welche spezifischen Auseinandersetzungen finden hier statt, mit jener Frage, die Donna Haraway in *When Species Meet*[1] so formuliert hat: Was geschieht, wenn sich unterschiedliche Arten begegnen? Und Haraway bezieht diesen (auf Charles Darwin anspielenden[2]) Begriff „species" nicht nur auf ‚Arten', Gattungen, Geschlecht, ‚Sorten' im Tierreich, sondern dehnt ihn aus auf „species" aller Art – Pflanzen und Dinge eingeschlossen. In den Theorien der Human-Animal Studies, die intensiv von Fragen nach „animal rights", d. h. nach Tierrechten, von ethischen, rechtlichen Fragen zum Tierschutz geprägt sind, wurde der Begriff „speciesism" geprägt.[3] Cary Wolfe ersetzt in seinem Buch *Animal Rites*[4] den Begriff der „rights"/Rechte durch jenen der Rituale („rites"), indem er zugleich die Metapher des „animal" ausdehnt und in die Frage nach „species" die Aufforderung einbezieht, „a whole set of nonhuman entities"[5] neu zu denken.

1 Vgl. Donna Haraway: *When Species Meet*. Minneapolis: University of Minnesota Press 2009; vgl. auch dies.: *The Companion Species Manifesto: Dogs, People, and Significant Otherness*. Chicago: Indiana UP 2003.

2 Vgl. Charles Darwin: *On the Origin of Species by Means of Natural Selection, or Preservation of Favoured Races in the Struggle of Life*. London: Murray 1859.

3 Vgl. Richard D. Ryder: *Speciesism*. Privat gedrucktes Faltblatt. Oxford 1970; ders.: Experiments on Animals. In: Stanley Godlovitch / Roslind Godlovitch / John Harris (Hrsg.): *Animals, Men and Morals. An Enquiry into the Maltreatment of Non-Humans*. London: Gollancz 1971, S. 41–82.

4 Vgl. Cary Wolfe: *Animal Rites. American Culture, the Discourse of Species, and Posthumanist Theory*. Chicago: University of Chicago Press 2003.

5 W. J. T. Mitchell schreibt in seinem Vorwort „The Rights of Things" zu *Animal Rites*, in dem er die Studie Cary Wolfes würdigt: „When we have attained these new, utopian forms of botany and zoology, however, and the rights of plants and animals have been worked out in new forms of bioethics and biopolitics, there will still be work to do. At this point it will be time to take up the rights of things, of inanimate objects." (W. J. T. Mitchell: The Rights of Things. In: Wolfe: *Animal Rites*, S. ix–xiv, hier S. xi.)

Ist damit – erneut – die alte Frage nach dem Leben und Lebendigkeit aufgeworfen? Und damit der Umgang mit dem Leben und allen Varianten von Belebung/Animation, von künstlichen Lebensproduktionen, Klonen und Bio-Technologien? Und: Hat die (wiederkehrende) Aktualität von *animal dance* etwas mit den gegenwärtigen ökologischen, ökonomischen und politischen Krisen und Einbrüchen zu tun? Wird die Möglichkeit einer kritischen Selbst-Reflexion des ‚Humanen' über das ‚Andere' des Tierlichen gelenkt? Und steckt darin nicht *auch* ein Rest kolonialen, kolonisierenden Begehrens? Und zugleich der Wunsch nach einer Transgression der Grenzen, die Mensch/Tier, Subjekt/Objekt kategorisieren, trennen und hierarchisieren? Dies waren Fragen, die beispielsweise auch Carolyn Christov-Bakargiev in ihrem Konzept für die *dOCUMENTA (13)* aufgeworfen hat.[6] Ich möchte diese Fragen im Hinblick auf Beispiele aus dem zeitgenössischen Tanz diskutieren.
Zunächst jedoch ein Rückblick in jene Geschichte von Tiertänzen, in der sich Modernismus und Kolonialismus, die ästhetische Avantgarde und die darin verwebten Muster eines rassistischen Primitivismus überlagern. Die Erkundung der Grenze zwischen Mensch und Tier ist eines der großen „Kultur-Natur"-Themen. Georg Wilhelm Friedrich Hegel zufolge ist der Mensch dasjenige Tier, welches weiß, dass es Tier ist und folglich die Sphäre des Tierlichen zu transzendieren vermag.[7] Mit dieser Denkfigur verweist die Philosophie des Idealismus auf die Selbstreflexivität des Menschen sowie auf sein Wissen um die eigene Endlichkeit. Demgegenüber interessieren sich Wissenschaft und Kunst für die Erscheinungsformen des Verhältnisses von Tier und Mensch: einerseits für das Menschliche im Tier – in den zahlreichen anthropomorphen Bildern und Mythen über die Menschenähnlichkeit von Tieren sowie in hybriden Tier-Mensch-Gestalten –, andererseits für das Tierliche im Menschen und die damit einhergehende Erschütterung des menschlichen Hochmuts spätestens seit Darwin.
Die in letzter Zeit aktuelle Debatte zum Tier und zu den Grenzen des Menschlichen speist sich sowohl aus einer wissenschaftstheoretischen als auch aus einer politisch-ethischen kritischen Perspektive.[8] Der

6 Carolyn Christov-Bakargiev: dOCUMENTA (13). http://d13.documenta.de (Zugriff am 29.11.2016).

7 Georg Wilhelm Friedrich Hegel: *Werkausgabe*, Bd. 3: Phänomenologie des Geistes, hrsg. v. Eva Moldenhauer / Karl M. Michel. Frankfurt am Main: Suhrkamp 1970, S. 415.

8 Im Feld der Human-Animal Studies sind zahlreiche wichtige Publikationen erschienen. Vgl. u. a. Peter Singer: *Animal Liberation: A New Ethics for Our Treatment*

Philosoph Giorgio Agamben erkennt eine grundlegende metaphysisch-politische Operation, durch die allein in diesem Diskurs so etwas wie ein ‚Mensch' bestimmt und hergestellt werden könne, denn der entscheidende Konflikt in unserer westlichen Kultur sei derjenige zwischen „Animalität und Humanität": ein Konflikt, der mittels biopolitischer Strategien die Verwaltung und Ausbeutung von Leben steuere.[9] Agambens ‚Rethinking the Animal' verschreibt sich jenem kritischen Unternehmen, das – in anderer Weise – auch Jacques Derrida[10] und Donna Haraway beschäftigt, nämlich eine Dekonstruktion der Kategorien und Grenzen des Menschlichen/Nicht-Menschlichen und insbesondere die Befragung dessen, was mit Zuschreibungen wie dem ‚Animalischen' oder dem ‚Humanen' verbunden ist. Ein zentraler Aspekt ist dabei der Prozess, der mit dem Begriff der Anthropomorphisierung verknüpft ist: Vermenschlichung des Nicht-Menschlichen. Wodurch? Dadurch, dass diesem ‚Anderen' menschliche Züge verliehen werden. In der Frage nach dem Unterschied zwischen Mensch und Tier (und Derrida weist hier vehement den Singular („das Tier") zurück und macht auf die Vielheit (Spezies) aufmerksam, auf das Chimärische, das anstelle eines kollektivierten Singulars „l'animal" trete[11]) wird seit der antiken Philosophie über René Descartes bis zu Martin Heidegger das Denken und das Vermögen der Sprache als Grenze angeführt. Derrida wendet dieses Argument, welches anfechtbar und einseitig ist, und fragt mit Jeremy Bentham nicht nach einem Unterschied, sondern nach einer Gemeinsamkeit, und zwar der Leidensfähigkeit: „Can they suffer?"[12] Können Tiere leiden? Damit wird eine emotionale und ethische Dimension ins Gespräch gebracht, welche die Körperlichkeit der Lebewesen, der „animals", ins Zentrum stellt.

Hier ist die Einsatz-Stelle, in der Tanz, Performance, Ritual und Choreographie die Human-Animal-Beziehung thematisieren und neu

of Animals. New York: Random House 1975; John Berger: Why Look at Animals? In: Ders.: *About Looking*. New York: Vintage 1980, S. 1–28; Kari Weil: *Thinking Animals: Why Animal Studies Now*? New York: Columbia UP 2012; Klaus Petrus / Markus Wild (Hrsg.): *Animal Minds & Animal Ethics: Connecting Two Separate Fields*. Bielefeld: Transcript 2013.

9 Vgl. Giorgio Agamben: *Das Offene. Der Mensch und das Tier*, aus d. Ital. v. Davide Giuriato. Frankfurt am Main: Suhrkamp 2003.

10 Vgl. Jacques Derrida: *Das Tier, das ich also bin*. Wien: Passagen 2010.

11 Vgl. ebd., S. 47.

12 Ebd., S. 52. (Wobei Derrida diese Frage noch differenziert, zwischen Leiden/*suffer* und Mit-Leiden/*compassion*, ebd., S. 54.)

zu beleuchten vermögen: Jene Translationszone, in der nicht mehr ausschließlich sprachliche Reflexion und rationale Kognition die Kommunikation bestimmen.

Dies schützt aber nicht vor Ideologisierung und Hierarchisierung. Im Gegenteil. Jedoch ist der Prozess eines „Tier-Werdens“[13] in und durch Bewegung mittels E-Motion ein Geschehen, im Rahmen dessen andere Beziehungen unterschiedlicher ‚Spezies‘ zueinander erfahren, durchquert und konstruiert werden. Die Grenzlinie zwischen Mensch und Tier verläuft *innerhalb* des Menschen, sie durchzieht sein Inneres. Dieses Wissen begleitet die Beziehung zum Tier seit alters. Die ältesten Tierdarstellungen, in den Höhlenmalereien des Paläolithikums, verweisen darauf: Hybridwesen, Phantome zahlreicher Tier-Menschen zeigen animalische Gesichter als Masken, welche Menschen aufsetzen und mit denen sie sich zugleich selbst darstellen. Eine Auferstehung eines künstlerischen Totemismus manifestierte sich in den sogenannten „Tiertänzen“, die in der Zeit vor und nach dem Ersten Weltkrieg in Europa Mode wurden. Unter so sprechenden Namen wie „Turkey Trot“, „Fish Tail“, „Kangoroo Dip“, „Grizzly Bear“ und – als einziger bis heute erhaltener Gesellschaftstanz – „Foxtrot“ eroberten diese Paartänze afroamerikanischer Herkunft die Tanzetablissements. Dieser „Karneval der Tiere“ im Gesellschaftstanz hat sein Gegenstück im ‚Menschenzoo‘: in Ausstellungen, in denen sogenannte ‚Wilde‘ oder ‚primitive Kulturen‘ gezeigt wurden, etwa in den „Völkerschauen“ bei Hagenbeck (1886 in Hamburg mit dem Untertitel: „Ausstellung anthropologisch-zoologischer Prachtgruppen“) oder auf den Weltausstellungen.[14] Umgekehrt kann man sich fragen, ob nicht die Mode der ‚Tiertänze‘ in den Ballsälen des frühen 20. Jahrhunderts ein koloniales Erbe dieser Herrschaftsgeschichte überträgt, indem sie das ‚Andere‘ unterwirft und beherrscht – und zugleich in einer tänzerischen Form assimiliert und quasi rituell beschwichtigt. Der Bärentanz – „Beardance“ oder „Grizzly bear“, oder in Paris dann „Danse de l'ours“ – kann als ein Beispiel gelten für diese Überlagerungen einer Kolonisierung des ‚Anderen‘, der anderen ‚Spezies‘ mit Kultur, in Tiergestalt – als Beispiel für eine Exotisierung des ‚Anderen‘, übertragen in das kulturelle

13 Vgl. Gilles Deleuze / Félix Guattari: *Tausend Plateaus. Kapitalismus und Schizophrenie.* Berlin: Merve 2010, S. 317–422.

14 Vgl. Bernhard Gissibl: Das kolonisierte Tier. Zur Ökologie der Kontaktzonen des deutschen Kolonialismus. In: *Werkstatt Geschichte* 56 (2011), S. 7–28.

Szenario der europäischen Ballsäle: eine Domestizierung in und durch Bewegung. Hervorstechendes Merkmal dieser ‚Wackel-Tänze' waren Körperteil-Isolationen (Becken, Po, Schultern, schlenkernde Arme und Beine) mit pantomimischen Elementen der jeweiligen Namen gebenden Tiere. Doch nicht wirkliche Tiere waren das Modell für die Körpermasken der neuen Bewegungsdynamik; sie waren vielmehr die Statthalter für die kolonial beherrschte Natur des Menschen, für die unterjochte ‚schwarze' Bevölkerung und die mimetisch parodistische Aneignung eben dieser verworfenen ‚animalischen' Mensch-Natur: eine Groteske, in der die westliche ‚weiße' Bevölkerung die Befreiung von ‚Bewegungshemmungen' genießt – und dabei in den Spiegel blickt.[15]

Ist diese Form der „bêtise", wie Derrida die von Heidegger so genannte „Benommenheit" übersetzt, ein besonders schwieriger, undurchschaubarer Aspekt dieser kolonisierenden Praxis? Einhergehend mit dem Klischee des naiven, des einfältigen ‚Schwarzen', wie er (freilich als Parodie) in „Cakewalks" und „Revues nègres"[16] auftrat? Die Tiertänze – von denen es heißt, man bemühe sich, „das ganze Tierreich auf den Tanz zu verpflanzen"[17], sind hybride „Promenaden-Mischungen", in denen Nostalgie, Phantasma eines ‚*savage*', Primitivismus *und* Modernismus miteinander verstrickt sind. Fritz Böhmes Bemerkung über diese paganen „Animal Rites" im Ballsaal bringt dies zum Ausdruck: „Der sich als Wilder gebärdende, zahme Salonmensch ist eine Karikatur von ehemals inhaltserfüllter Form."[18] So wird der Bären-Tanz tatsächlich zu einem Schlüsselbild der Aporien des Modernismus und seiner ästhetischen und ideologischen Verstrickungen.

Welche Strategien des „Tier-Werdens", der grenzverschiebenden Begegnung werden im *zeitgenössischen* Tanz eingesetzt? (Ich überspringe hier

15 Vgl. Astrid Eichstedt / Bernd Polster: *Wie die Wilden. Tänze auf der Höhe ihrer Zeit*. Berlin: Rotbuch 1985; Annemarie Bean: Presenting the Prima Donna. Black Femininity and Performance in Nineteenth-Century American Blackface Minstrelsy. In: *Performance Research: A Journal of the Performing Arts* 1,3 (1996), S. 23–30; Astrid Kusser: *Körper in Schieflage. Tanzen im Strudel des Black Atlantic um 1900*. Bielefeld: Transcript 2013.

16 Zu „Negrophilie" und „Savage"-dancer wie dem Auftreten Josephine Bakers vgl. Ramsey Burt: *Alien Bodies: Representations of Modernity, "Race" and Nation in Early Modern Dance*. London / New York: Routledge 1988, S. 57–84.

17 Vgl. Franz Wolfgang Koebner: *Tanz-Brevier*. Berlin: Eysler 1913, S. 67.

18 Zit. n. Eichstedt / Poster: *Wie die Wilden*, S. 65.

ein großes Kapitel von ‚Tier-Tänzen', nämlich diejenigen von Vögeln, z.B. von Schwänen, oder die von ‚beach birds' bevölkerten Schwebe-Szenen des Balletts im 19. Jahrhundert.)[19] Im Übergang zum 21. Jahrhundert stellt sich die Frage nach der Grenze zwischen Mensch und Tier erneut und verschärft unter veränderten ökonomischen, technologischen sowie medialen Bedingungen. Längst sind Arbeits- und Nutztiere wie menschliche Arbeiter_innen durch Maschinen weitgehend ersetzt. In *virtueller* Gestalt tritt das Tier vermehrt auf, in *fantasy*, Werbung und Filmen: verniedlicht, anthropomorph oder als groteskes Hybrid – Miss Piggy oder Spiderman. Nicht als Symbol eines Körper-Begehrens, sondern als Symptom einer politischen Situation erscheint das Tier. Der Mensch sei dasjenige Tier, das sich selbst als menschlich erkennen muss, um es zu sein, schreibt Giorgio Agamben.[20] Performances im Tanz nehmen diese prekären Fragen unter die Lupe. Nicht mehr eine Nachahmung, eine Poesie der Transzendierung des Menschlichen prägen die Auseinandersetzung mit dem Tier, sondern vielmehr die Begegnung mit der konkreten Materialität des Körpers und die Idee von Hybriden, von Cyborg-Figurationen aus Mensch, Tier und elektronischer Maschine.

Jan Fabre beispielsweise setzte sich wiederholt mit jenen Grenzen zwischen Mensch und Tier auseinander, die *innerhalb* des performativen Rahmens diesen zugleich sprengen. Reale Tiere auf der Bühne setzt er nicht als Dressurakte in Szene. Im Gegenteil: die 20 Katzen, die in *Fälschung wie sie ist, unverfälscht* (1992) mit Els Deceukelier die Bühne teilen, erscheinen als das vollkommen Andere im Hinblick auf Inszenierbarkeit: als ‚tierisch' in der Freiheit der unvorhersehbaren Bewegung, im Schreien, in der rahmenüberschreitenden Körperlichkeit ins ‚Offene'. Und doch hat sich im 21. Jahrhundert die Situation geändert. Die "Animal Rights"/"Rites" verlangen ein anderes Rahmen-Ritual, nämlich die Beteuerung, dass die Rechte der Tiere gewahrt werden; wie etwa in den Re-Enactments von Fabres Stücks *The Power of Theatrical Madness* (1984/2013), in dem das Zertreten von auf der Bühne hüpfenden Fröschen – anders als im Märchen *Der Froschkönig* – nicht eine Verwandlung zum Prinzen, sondern ein

19 Vgl. Gabriele Brandstetter: Animal Locomotion. Tierbilder und Verkörperung im modernen Tanz. In: Robert Schmidt / Wiebke-Marie Stock / Jörg Volbers (Hrsg.): *Zeigen. Dimensionen einer Grundtätigkeit.* Göttingen: Velbrück 2011, S. 32–43.
20 Vgl. Agamben: *Das Offene.*

Verwaltungszertifikat hervorbringt, in dem versichert wird, dass auf der Bühne keine lebenden Tiere zu Schaden kommen.

Die schwierige und bewegende Frage nach dem Leiden des Tiers (auch des menschlichen Tiers) hat Meg Stuart in ihrem Stück *Do Animals Cry?* (2009) aufgegriffen. Ein Stück, das im Programmheft mit den Sätzen kommentiert ist: „Weine, falls du möchtest: jetzt ist Familienzeit! Das Haus ist verschlossen, geöffnet für fast alle: Hunde müssen draußen bleiben."[21] Ein pastellrosa Minihaus, eine Hundehütte und eine an einen Biberbau erinnernde, aus Ästen geflochtene Installation (Bühnenbild von Doris Dziersk) boten die räumlichen Assoziationen. Die Choreographie war gefüllt mit Szenen der Verfehlung, von gestörten und extrem aufgeladenen emotionalen Beziehungen: familiäre Konstellationen, die wie in einem Tierkäfig ausgestellt sind. Weinen oder Schreien? Auch hier innerhalb eines Spektrums unentscheidbarer Verstrickungen ist die Frage nach den Grenzen des Humanen gestellt. Es stellt sich die Frage, ob wir – im Verhältnis zwischen Menschenkultur und Tiernatur – mittlerweile auf der anderen Seite der Schöpfungsgeschichte angekommen sind: an einem Punkt der ‚Ent-Schöpfung', der „decreation" (William Forsythe).[22] Nicht mehr das Verhältnis zwischen Menschen und Tieren ist dann das Erkundungsfeld von Wissenschaftler_innen und Künstler_innen, sondern die Leben und Arten bedrohenden Strategien biopolitischer Macht. „Wenn also im Zentrum des Offenen die Unerschließbarkeit des Tieres steht, so müssen wir uns fragen: Was passiert mit dieser Beziehung, wie kann der Mensch das Tier sein lassen, wenn die Welt gerade durch dessen Aufhebung offen bleibt?"[23] Mit dieser Formulierung Agambens lässt sich fragen: Wo bleibt hier ein Terrain für den Tanz? Gerade hier sind Künstler_innen, die mit Körper und Bewegung arbeiten in ihrem kritischen Engagement herausgefordert. Dabei ist es bemerkenswert, dass heute im Tanz – anders als im Modernismus des 20. Jahrhunderts – nicht das ‚Wilde', das ‚Biest', nicht die *‚savage nature'* den Fokus der Andersheit des ‚Animalischen' bilden, sondern das *Haustier*: die Katze, der Hund. Die Schlüsselszene in Derridas philosophischen Betrachtungen zum *Tier, das ich also bin* ist der Moment, in dem der Denker sich

21 Aus dem Programmheft von Meg Stuart / Damaged Goods: *Do Animals Cry*, Volksbühne Berlin, DEA: 17.11.2009.

22 William Forsythe: *Decreation*, Ballett Frankfurt, Bockenheimer Depot 2003.

23 Agamben: *Das Offene*, S. 100.

Abb. 1: Xavier Le Roy: *Low Pieces* (2011–2012).

im Badezimmer nackt von seiner Katze angesehen sieht und sich dabei schämt, sich schämt über seine Scham. Dieser Text hat den Blick zwischen Mensch und Tier im Visier. Derrida stellt die Frage: „Und wenn das Tier antworten würde?“[24] Er bleibt jedoch in einer *Denk*bewegung der Dekonstruktion des Logos gefangen. Donna Haraway greift diese Frage nach dem Blick auf. Sie interessiert sich für die Möglichkeit des Zurück-Blickens: für ein „re-spicere“. Das Wort ist situiert im Feld von „respect“/Respekt und „regard“, einem aktiven „looking at“. Nicht der Logos, nicht das Wort und der Geist, sondern diese Form des „re-spicere“ ist für Haraway eine Form des ‚Mit-Seins‘, das – jenseits von Humanismus oder Posthumanismus – dasjenige ermöglicht, was sie „companion species“ nennt.[25] Es ist eine (utopische) Bewegung und Begegnungsweise, welche die Unterscheidungen und Kategorien von ‚human‘/‚animal‘, ‚subject‘/‚object‘, von lebendig/unbelebt aufhebt und in diesem Prozess „companionship“, ein ‚Mit-Sein‘ herstellt.

Haraway sieht diese Prozesse und Dynamiken nicht in der verbalen Sprache, nicht im Diskurs, sondern vielmehr in „verkörperter Kommunikation“ verwirklicht. In diesem Zusammenhang verwendet sie

24 Derrida: *Das Tier, das ich also bin.*

25 Haraway: *The Companion Species Manifesto.*

mehrfach den Begriff des Tanzes (z. B. „Tanz der Bezogenheit"[26]). Es gehe nicht um den alten philosophischen Streit, ob Hunde lügen können, sondern um die Wahrheit einer nicht-linguistischen Kommunikation, die auf der „Erwiderung von Blicken" beruhe, in einem „ko-konstitutiven naturkulturellen Tanz, der Jenen Respekt bezeugt und offen entgegentritt, die reziprok den Blick erwidern."[27]

Gibt es an solchen, beinahe schon nostalgisch-utopischen Denk-Bildern („When species meet"), einen Einsatzpunkt für Tanz als Körper-Performance? Oder ist es gerade an der Kunst, durch den Entwurf *anderer* „animal rites" Zweifel anzumelden an solchen Theorien einer reziproken „animality"? So jedenfalls könnte man Xavier Le Roys *Low Pieces* (2011) lesen. (Abb. 1) Das Stück *alterniert* zwischen Rede und ‚nackter Bewegung'. Die Redeszenen eröffnen ein Frage- und Antwort-Spiel zwischen Performer_innen und Zuschauer_innen. Über die Grenze zwischen Bühne und Auditorium hinweg geht die mehr oder weniger dynamische (oder aggressive) Kommunikationsbewegung hin und her. In den Bewegungsszenen werden die Zuschauer_innen hingegen zu Beobachter_innen eines *becoming-animal*. Es ist keine Imitation, eher eine Bewegungs-Studie, die aus der Erforschung, dem Wahrnehmen/„re-spicere" von Tieren zu entstehen scheint: Katzen? Raubkatzen? Eine besondere Art, dem Gewicht, der Schwere nachzugeben: Kriechen, Liegen, Sich-Niederlassen, in Gruppen, ohne einen anderen Rhythmus-Geber als die „companion"-Bewegung der Anderen. Es entsteht ein vielteiliges Gebilde, weder anthropomorph noch tier-mimetisch.

Eher steht man sich als Betrachter_in konfrontiert mit der doppeldeutigen „Frage des Tiers" („The question of the animal"). Ist es ein Zurück-Blicken, Zurück-Fragen? Und welchen – unüberwindlichen – Rahmen des ‚Spektakulären' bildet dabei das Theater, in dem dies stattfindet? Ist es nicht diese gerahmte Beobachtungs-Situation, die Nacktheit erst herstellt? Derrida betont, das Eigene der Tiere („bêtes") bestunde darin, nackt zu sein, ohne es zu wissen.[28]

26 Vgl. Haraway: *When Species Meet*, S. 26.

27 Ebd., S. 25.

28 Derrida: *Das Tier, das ich also bin*, S. 22; das Tier „hat kein Gefühl für seine Nacktheit. Es gibt keine Nacktheit in der Natur." (Ebd.)

In anderer Weise setzen sich Martin Nachbar und die fünf Tänzer_innen im Stück *Animal Dance* (2013)[29] mit jenen Fragen auseinander, die Una Chaudhuri als „zooësís“[30] in der Performance bezeichnet. Im letzten Teil des Stücks geht es um den Blick: „Animal Dance“/„Animal Rites“ als Inszenierung eben jenes „regard“, jenes „re-spicere“, von dem Donna Haraway spricht? Aber wie wäre es möglich, diese Art des Schauens als „Facing (of) the animal“ zu inszenieren? Tatsächlich sind wir als Zuschauer_innen mit einem scheinbar nicht fixierenden, nicht sich-reflektierenden, einem zugleich ‚witternden‘ und stumpfen Schauen der Tänzerin konfrontiert. Bewirkt dieses in die ‚Maske‘ des Gesichts zurückgewandte Schauen, das niemals eine Nachahmung als „Tier-Werden“ sein kann, zuletzt dann nicht etwas Anderes? Es zeigt sich ein Augenblick von Fremdheit, von Andersheit, der eher ein De-Facement der Ausstellungssituation im bzw. als Theater bewirkt. Und erst so wäre vielleicht ein Riss aufgetan im spekulären Gefüge, hinter dem jener Tanz von „companion species“ sich ereignen könnte.

Demgegenüber wählt Antonia Baehr einen vollkommen anderen Zugang zum Thema Human-Animal Studies. Die Versuchsanordnung ihres *Abecedarium Bestiarium* (2013) besteht darin, dass sie die gesamte Bezugs-Situation von Mensch und Tier als eine der Rekonstruktion versteht. Nicht gegenwärtig lebende Tiere, z. B. Katze und Hund, sondern ausgestorbene Tiere bevölkern ihr – nach den alten Bestiarien von Giambattista della Porta bis Elias Canetti nachgebildetes – Bestiarium: Das Tier aus dem Archiv. Die Inszenierung besteht darin, unterschiedliche Weisen der (Wieder-)Belebung vorzunehmen, und zwar in „companionship“, und diesen Prozess mit dem – sich wie in einer Ausstellung, wie in einem Naturgeschichtsmuseum bewegenden – Publikum zu teilen. Antonia Baehr hat befreundete Künstler_innen gebeten, sich – nach einem Alphabet – ein ausgestorbenes Tier auszuwählen. Diese Wiederbelebung sollte überdies die Freundschaft zu Antonia Baehr reflektieren.[31] Nicht die Darwin'sche Idee des Überlebens der erfolgreichsten Spezies ist also hier das Auswahlkriterium, sondern das

29 Martin Nachbar: *Animal Dance*, Sophiensæle, Berlin, 21.–24. März 2013.

30 Una Chaudhuri: (De)Facing the Animal. Zooësis and Performance. In: *The Drama Review* 51,1 (2007), S. 8–20.

31 Antonia Baehr and friends: *ABeCedarium Bestiarium – Portraits of Affinities in Animal Metaphors*. Nyon / Berlin: Far° Festival des Arts Vivants & Make Up Productions 2014, S. 7.

Abb. 2: Antonia Baehr: *Abecedarium Bestiarium* (2013).

unwiederbringlich Verlorene, in der Wahl und Wieder-Holung als ‚belebende' Aktion einer Kollaboration. Der „Tasmanische Tiger" ebenso wie die „Stellersche Seekuh" werden re-produziert. In einer imaginären, einer erfundenen und zugleich intellektuellen Doppel-Bewegung eines Tier-Werdens des Menschen wie einer Vermenschlichung des Tiers werden wir durch poetische Soundcollagen und karnevaleske Maskeraden Zeug_innen einer Animation, etwa des „Culebra Island Amazon of Puerto Rico", und dies in einem grotesk-witzigen Animal Drag.
Hier werden die wie im Museum der ‚human-animal rites' betrachtenden Zuschauer_innen Zeug_innen: Der Prozess der Verdinglichung des Anderen als Form der Unterwerfung und Hierarchisierung ist nur zugänglich und umkehrbar in der Reflexionsbewegung, welche aus dem Eingeständnis einer geschichtlichen Distanz entsteht. Erst eine solche intellektuelle oder künstlerische Perspektive vermag möglicherweise eine Revision der Beziehung zwischen Menschen und Tieren als Bewegung und Lebendigkeit herzustellen.

Drei Elche für ein Diorama

Zur mimetischen Qualität des raumbildlichen ‚Als-ob'

Franziska Winter

> Die Hufen ins Moos gestemmt, Kopf und Geweih geneigt, scheint der Elch in eine Angriffsposition zu streben. Ihm gegenüber steht ein weiterer Elchbulle, der dieser Offensive weicht. Links daneben harrt eine Elchkuh im Unterholz mit Blick auf das Geschehen. Der Himmel ist blau, im Hintergrund deuten sich Bergspitzen an, die Waldlandschaft wirkt karg und herbstlich.

Diese Brunftszene (Abb. 1) bietet sich den Museumsgästen des American Museum of Natural History seit 1942 dar, sobald sie die Bernard Family Hall of North American Mammals betreten. Hinter einer Glasscheibe scheint sich dort die Weite der Kenai-Halbinsel (Alaska) zu entfalten und mit ihr die Imposanz der bis zu 770 kg schweren Tierkörper. Das Habitat-Diorama *Moose in Combat* fixiert den Elchkampf im September und macht ihn aus unmittelbarer Nähe beobachtbar. Als eines von insgesamt 43 Dioramen wurde es im Jahr 2012 restauriert, wiedereröffnet und offiziell dem US-amerikanischen Präsidenten Theodore Roosevelt (Amtszeit 1901–1909) und dessen Bemühungen zum Natur- und Umweltschutz gewidmet. Damit bleibt es ebenjenen Strukturen verbunden, die Donna Haraway bereits 1984 als „Teddy Bear Patriarchy"[1] bezeichnete und mit einer Analyse zu sozialen Herrschaftsbeziehungen verband. Entsprechend sieht Haraway im Habitat-Diorama vor allem die Zelebration des Zeitalters der Säugetiere (und damit der Herkunftsgeschichte des Menschen)[2] sowie das Blickregime weißer, männlicher Autoritäten[3] angelegt. Das Schwarzweißfoto (Abb. 2), auf dem Roosevelt neben einem erlegten Elefanten posiert, unterstreicht diese Beobachtungen: links das Gewehr, den rechten Unterarm auf das tote Tier gestützt, stellt er sich überlegen und siegreich dar. Solche Jagdposen lassen nicht nur die Assoziationen

1 Donna Haraway: Teddy Bear Patriarchy: Taxidermy in the Garden of Eden, New York City, 1908–1936. In: *Social Text* 11 (1984/85), S. 20–64, hier S. 21.

2 Vgl. ebd., S. 20.

3 Vgl. ebd., S. 52.

Abb. 1: Diorama *Moose in Combat,* American Museum of Natural History.

zum Umweltschutz in Zweifel geraten, sondern berühren mithin eine charakteristische Paradoxie von Museumspraxis – den Umstand, dass ein Bewahren und Sammeln von Objekten zwangsläufig mit Aneignungs-, Konservierungs- und Entfremdungsstrategien einhergeht. Der Kolonialismus im auslaufenden 19. Jahrhundert bot den passenden Nährboden für die Etablierung dieser Praxis. Es kam zumeist auf Grundlage der Wunderkammern und Kuriositätensammlungen, die den begierigen Blick auf das Andere und die Lust am Spektakel längst erprobt hatten, zu einer Gründungswelle großer Museen.[4] Auf diese Weise entfaltete sich jenes kuriose Wissen fortan in Hallen mit institutioneller Macht. Die Anthropologin Henrietta Lidchi macht diese Zusammenhänge einmal mehr bewusst, wenn sie Sammlungen und Ausstellungen als „historical, social and political events"[5] versteht und (mit Referenz auf Michel Foucaults Konzept zur Interdependenz von Macht und Wissen) vergegenwärtigt, dass Machtpositionen insbesondere durch strategisch angewandtes Wissen lanciert werden.[6]

4 Vgl. Henrietta Lidchi: The Poetics and the Politics of Exhibiting Other Cultures. In: Stuart Hall / Jessica Evans / Sean Nixon (Hrsg.): *Representation*. 2. Aufl. London: Sage 2013, S. 120–214, hier S. 122–124; Christiane Voss: Von der Black Box zur Coloured Box oder: Dioramatische Perspektiven des Lebendigen. In: Dies. / Maria Muhle (Hrsg.): *Black Box Leben*. Berlin: August 2016, S. 23–41, hier S. 31.

5 Lidchi: The Poetics and the Politics, S. 157.

6 Vgl. ebd., S. 158.

Abb. 2: Theodore Roosevelt mit einem erlegten Elefanten in Afrika, um 1909.

Abbildrelationen zwischen Präparaten und Plateau

Ein anderer Weg, um derlei Verhältnisse zu analysieren, ist die Befragung der Vermittlungsstrategien auf ihre (audio-)visuellen, mimetischen Facetten hin. So offenbart sich mit Blick auf die Habitat-Dioramen die museale Dialektik zwischen Wissens- und Unterhaltungsort bereits in den angewandten Medientechniken: der Taxidermie und dem Diorama. Entsprechend bietet das Zusammenspiel beider Abbildtechniken einen besonderen epistemischen Gehalt.

Isoliert betrachtet, scheint das Nachahmungsverhältnis in der Taxidermie zunächst obsolet, denn der ausgestellte Elch ist kein Abbild eines Elchs, sondern eine nachbearbeitete Form seiner selbst mit Restbestandteilen der eigenen Körperlichkeit. Petra Lange-Berndt beschreibt hierzu eindrucksvoll, inwiefern die Dermoplastiken[7] posthum ein Eigenleben entwickeln und sich in Form von Milben, Pelzmotten, Fliegen und Speckkäfern „ständig Leben am falschen Fleck

7 Die Dermoplastik ist ein spezielles Verfahren der Tierpräparation, das häufig bei Wirbeltieren zur Anwendung kommt. Aus Torf oder Gips wird eine genaue Skulptur des betreffenden Tiers angefertigt, über die schließlich die natürliche Haut gezogen wird.

zeigte“[8], sodass die Tierpräparate als lebende Tote und damit als Untote offenbar wurden.[9]
Gleichwohl enthält die Taxidermie bei näherer Betrachtung einen Abbildcharakter, denn die Formgebung und Restauration der Tiere basieren einerseits in hohem Maße auf Techniken mit dem mimetischen Anspruch einer Annäherung an das Original und werden andererseits auf Ebene der Repräsentation wirksam. Oder wie Donna Haraway es ausdrückt: „It is a simple tale: Taxidermy was made into the servant of the ‘real’“.[10] In Addition dioramatischer Strategien (wie Hintergrundmalerei, Einsatz von Requisiten, die Anordnung auf einem Plateau und hinter einem Glasdisplay) werden die Materialästhetik und Plastizität der Dermoplastiken um den Räumlichkeitseindruck zu einer Habitat-Simulation erweitert. So wird das gesamte oben beschriebene Habitat-Diorama zum Schau- und Abbild einer Brunftszene in Alaska und Repräsentant für den Artenschutz nordamerikanischer Säugetiere (Bernard Family Hall of North American Mammals).
Der Versuch, das Entfernte naturrealistisch nahbar zu machen, manifestiert sich über die Materialität und die visuellen Strategien hinaus auch in der Inszenierung der Dioramen. Zumeist werden die Tierpräparate in Posen gebracht, welche Bewegung suggerieren sollen und doch der (Toten-)Starre verhaftet bleiben. Bewegung (und damit Lebendigkeit) werden der Konservierung geopfert, um im Standbild beobachtbar zu machen, was in der Natur so nicht beobachtbar wäre. Umgekehrt muss sich damit aber auch immer das entziehen, was in der Natur sichtbar werden könnte.
Das mimetische Verhältnis, das in den Habitat-Dioramen zur Anschauung kommt, lässt sich also keinesfalls auf einen naturgetreuen Kopierversuch reduzieren, vielmehr weist es über die Begrenzung des Raums

8 Petra Lange-Berndt: Von der Gestaltung untoter Körper. Techniken zur Animation des Leblosen in Präparationsanleitungen um 1900. In: Peter Geimer (Hrsg.): *UnTot. Existenzen zwischen Leben und Leblosigkeit*. Berlin: Kadmos 2014, S. 83–104, hier S. 92.

9 Die Autorinnen Merle Patchett und Kate Foster kennzeichnen diesen Zustand zwischen Leben und Tod beispielsweise als „taken *Out of Time*“ in Anlehnung an eine gleichnamige Taxidermie-Ausstellung, welche 2007 im Hunterian Zoological Museum in Glasgow stattfand (Merle Patchett / Kate Foster: Repair Work: Surfacing the Geographies of Dead Animals. In: *Museum and Society* 6,2 (2008), S. 98–122, hier S. 110–116).

10 Haraway: Teddy Bear Patriarchy, S. 34.

hinaus und in die Modi des ‚Als-ob'[11] hinein. Das Zusammenspiel der dioramatischen und taxidermistischen Illusionstechniken ermöglicht schließlich immersiven Zugang zu Szenen, in denen Natur so scheint, *als-ob* sie lebendig und erlebbar wäre, in denen Tiere so scheinen, *als-ob* sie miteinander interagieren, kämpfen, leben. In Abgrenzung zu Mimesiskonzepten, die eine klare Unterscheidung zwischen Vor- und Nachbild vorsehen und dem Abbild das Potenzial zur Emergenz absprechen,[12] lassen solche fiktionalen Operationen mimetische Abbildverhältnisse nuancierter erscheinen. Das vermeintlich Mindere fällt dann nicht (wie Jean Baudrillard es entfaltet) mit einer realistischen Simulation zusammen, die an der Wirklichkeit scheitert und sie zwangsläufig reduziert.[13] Ganz im Gegenteil: Unter der Prämisse einer immersiven Einlassung attestiert die Medienphilosophin Christiane Voss den Habitat-Dioramen, „mit einer Auratisierung des Allzukonkreten"[14] zu laborieren. Zwar ziele diese phantasmatische Leistung in erster Linie auf paradiesische Idyllvorstellungen, doch zugleich ermögliche sie in performativer Hinsicht, kreative Setzungen und Ansichten über das Leben ins Leben zu rufen.[15]

Ein Löwenkopf auf dem Kopierer

Was geschieht, wenn ein dioramatischer Kontext entfällt und die ästhetische Erfahrung somit irritiert wird, zeigt uns der Fotograf Louis De Belle in seiner Serie *Failed Dioramas* (2015). Hier ragt ein Stück Geweih aus Verpackungsmaterial, sodass sich die Umrisse eines Hirschkopfs lediglich erahnen lassen. Anstatt als Trophäe von der Wand zu hängen, wird die bandagierte Büste sinnbildlich in eine pinkfarbene Ecke mit

11 Die Operation des ‚Als-ob' kennzeichnet nach Hans Vaihinger einen Prozess des Fingierens, vgl. Hans Vaihinger: *Die Philosophie des Als Ob: System der theoretischen, praktischen und religiösen Fiktionen der Menschheit auf Grund eines idealistischen Positivismus; mit einem Anhang über Kant und Nietzsche* [1911]. Leipzig: Meiner 1927. Neue Ansätze, wie der von Getrud Koch und Christiane Voss knüpfen daran an und machen die Indikatorik für andere Disziplinen, wie etwa Film- und Medienwissenschaften, fruchtbar, vgl. Gertrud Koch / Christiane Voss (Hrsg.): *„Es ist, als ob" – Fiktionalität in Philosophie, Film- und Medienwissenschaft*. München: Fink 2009.

12 Wie etwa die antiken Konzepte bei Platon und Aristoteles.

13 Vgl. Jean Baudrillard: *Der symbolische Tausch und der Tod* [1976]. Berlin: Matthes & Seitz 2011, S. 136.

14 Voss: Von der Black Box zur Coloured Box, S. 36.

15 Vgl. ebd., S. 41.

Abb. 3: Louis De Belle: Foto aus der Serie *Failed Dioramas*, 2015.

Kartons und einem Motorradhelm gestellt. Je länger das Bild wirkt, desto stärker geraten Helm und Tierkopf in einen Dialog über Blickregime und Sichtschutz-Interessen. (Abb. 3) Ein anderes Bild zeigt die Büste eines Löwen,[16] diesmal unverpackt und vermeintlich bizarr inszeniert. So ist der Löwenkopf derart auf einem Kopiergerät platziert, dass es scheint, als schaue er mit offenem Maul an die Zimmerdecke. Der Kopierer legt in dieser Pose Fragen nach Vervielfältigung und Originalität nahe, während sich der Löwe im nach oben gewandten Blick konkretisiert und wie ein Untoter wirkt, der um Erlösung bittet. Diese Szene ruft sogleich die Tragik der konservierten Starre wach; sie repräsentiert das Verhängnis, vom Leben in freier Wildbahn in das leblose Gewahrsam einer Bürotristesse geraten zu sein. Failed Dioramas legt damit die Farce der Taxidermie frei und lässt offen, inwieweit Kontexte musealer Praxis den epistemischen Gehalt und Mehrwert von Objekten bestimmen. Doch auch dieser Bruch mit der raumbildlichen Erfahrbarkeit einer dioramatischen Anordnung weist einmal mehr auf die Ausstellungs- und Inszenierungsaspekte im Museum hin.

16 Vgl. Louis De Belle: Serie *Failed Dioramas*, Bild 16/18. http://www.louisdebelle.com/Series/Failed-Dioramas (Zugriff am 31.10.2016).

Why Moose Fight

In der visuellen Zähmung des Anderen[17] treten neben Mechanismen der Verlebendigung und Verräumlichung auch macht- und körperpolitische Relationierungen hervor. Das Diorama *Moose in Combat* zeigt dies exemplarisch, indem es eine für Habitat-Dioramen typische Naturvorstellung konstituiert: die unberührte, triebhaft-animalische Wildnis. Entsprechend erläutert der Ausstellungstext zum Paarungskampf in der Abgeschiedenheit:

> Two gigantic males clash for the right to mate with a female, interrupting the quiet of this Alaskan peat bog. Rival bulls will shove, clatter and twist their antlers, and even gore each other – sometimes for hours, and sometimes to the death.[18]

Die Weite der Kenai-Halbinsel, die kahlen Baumbestände, Rohheit, Elchkampf und -brunft werden auch gesamtheitlich als *das Andere* wirksam und können die Betrachter_innen in divergente Richtungen involvieren, z.B. als Entfremdung, Sehnsuchtsort, heteronormative Parabel oder Akt kulturanthropologischer Distinktion. Für Donna Haraway stehen dabei vor allem die Praktiken des Ausstellens (*exhibition*), der Erbhygiene (*eugenics*) und des Konservierens (*conservation*) im historischen Hintergrund: Ersteres etablierte die Permanenz (im Unterschied zur Prozesshaftigkeit) und ein Narrativ, das von der Erbhygiene mit Theorien zur Rassentrennung besetzt wurde. Das Konservieren, so Haraway, kann vordergründig als eine Politik verstanden werden, die zu Zeiten Roosevelts auf die industrielle und moralische Ressourcensicherung abzielte.[19] Verzahnt zu einem Blick auf das Andere, spielten diese drei Strategien schließlich dem Einheitsgefühl

17 Das ‚Andere' referiert hier im Allgemeinen auf die Ursprünge der institutionalisierten Ausstellung und ihre Vorläufer (die Wunderkammern und Kuriositätensammlungen), die hauptsächlich als exotisch, fremd oder ‚abnorm' erachtete Objekte zur Schau stellten. Im Speziellen bezieht es sich auf den Ansatz der Human-Animal Studies, der die Subsumtion aller nichtmenschlicher Individuen unter dem Tierbegriff und damit die Festschreibung in einem Gegenbegriff zum ‚Menschen' kritisch hinterfragt. Vgl. Chimaira Arbeitskreis: Eine Einführung in gesellschaftliche Mensch-Tier-Verhältnisse und Human-Animal Studies. In: Ders. (Hrsg.): *Human-Animal Studies. Über die gesellschaftliche Natur von Mensch-Tier-Verhältnissen*. Bielefeld: Transcript 2011, S. 7–42, hier S. 9–13.

18 American Museum of Natural History: Alaskan Moose, Exhibition Text. http://www.amnh.org/exhibitions/permanent-exhibitions/mammal-halls/bernard-family-hall-of-north-american-mammals/alaskan-moose (Zugriff am 31.10.2016).

19 Vgl. Haraway: Teddy Bear Patriarchy, S. 57.

einer weitestgehend patriarchalisch geprägten Besucherschaft zu. Das spiegelt sich auch in der dioramatischen Inszenierung wider: Der Mensch und Jäger kommt nicht in ihr vor, weil er nicht das Spektakel, nicht das Gesehene ist, sondern das Auge und mithin ein als weiß und männlich geltender Urheber.[20]

Das American Museum of Natural History versucht mittlerweile die klassischen Dioramen durch den Einsatz anderer Medientechniken zu ergänzen. Über den YouTube-Kanal PBS Diorama werden Erklärfilme zu ausgewählten Habitat-Szenen angeboten. So nimmt sich der Film Why Moose Fight seiner Titelfrage an, indem er die dargestellte Brunftszene im Experteninterview erläutert. Darin kontextualisiert der Wissenschaftler und Kurator Ross MacPhee den nachgestellten Elchkampf in seiner naturhistorischen Relevanz. Das Wissen um das Paarungsverhalten der Elche, das zur Eröffnung des Dioramas 1942 aktuell war, wird im Film durch neue Erkenntnisse überschrieben und korrigiert. So beispielsweise in Bezug auf die Darwin'sche These der female choice,[21] die während der Produktion des Dioramas noch wenig Beachtung fand und heute durch die Einschätzung unterstrichen wird, „that females under many circumstances are exerting a choice role all the way long"[22]. Wissen scheint hier in seiner Prozesshaftigkeit und Historizität auf. Zugleich verharrt die Narration des Films im evolutionsbiologischen Zusammenhang, wenn illustriert wird, dass die Elchbullen einander Aussagen kommunizieren, wie „I'm bigger than you, I've got bigger antlers. And a bigger bulk. So, you better move on, buddy"[23] oder „I'm busting with energy. I'm at the top of my form. And the females are going to respond to that"[24]. Auf diese Weise werden leichtfertig heteronormative Erklärungsmuster in Anschlag gebracht und bekräftigt; und so wird negiert, was die Wissensverlagerung im Film eigentlich anstößt: eine Reflexion der Bedingungen, unter denen Wissen entsteht und als solches bestimmt wird.

20 Vgl. ebd., S. 52: „Man is not in nature partly because he is not seen, is not the spectacle. A constitutive meaning of masculine gender for us is to be the unseen, the eye (I), the author."

21 Die These der *female choice* geht davon aus, dass die Auswahl der Sexualpartner in erster Linie den Weibchen zukommt.

22 PBS Diorama: *Why Moose Fight*. Dezember 2013. https://www.youtube.com/watch?v=DZ6zs6e6zxo#t=224 (Zugriff am 31.10.2016), Min. 03:50.

23 Ebd., Min. 00:37.

24 Ebd., Min. 03:24.

In Bezug auf das gegenständliche Diorama ist schließlich zu fragen, warum die Veränderung des Wissens lediglich im Ergänzungsmaterial und nicht im Ausstellungskontext thematisiert wird. Möglicherweise aus Angst, den Artefakt-Charakter zu zerstören, die Illusion und die Lust am Spektakel zu boykottieren oder die tragende Konstruktion einer wilden Natur zu gefährden? In dieser Hinsicht deuten sich im Habitat-Diorama koloniale Unterhaltungs- und Wissensmuster an, die darauf schließen lassen, dass Museumsarbeit noch immer an den besprochenen Motiven ihrer Genese krankt. Die Grenzziehung zum Anderen scheint ein wesentlicher Aspekt dieser Problematik zu sein. In seinem Beitrag The Spectacle of the 'Other' liefert Stuart Hall mit Blick auf das Differenz-Denken einen Ansatz, um dieses Problem zu lösen:

> It [difference] can be both positive and negative. It is both necessary for the production of meaning, the formation of language and culture, for social identities and a subjective sense of the self as a sexed subject – and at the same time, it is threatening, a site of danger, of negative feelings, of splitting, hostility and aggression towards the 'Other'.[25]

Als Konsequenz daraus gilt es, einen Umgang mit dem Aus- und Darstellen von Objekten und Szenen zu entwickeln, der nicht nur historisiert, sondern zur wissenshistorischen Selbstreflexion gereicht. Die Notwendigkeit dessen liegt vor allem in den Aktualisierungsprozessen von Wissen, sowie in der Machtposition und gesellschaftlichen Verantwortung des Museums als (Kultur-)Institution begründet. Ansonsten liefe die dioramatische Wissensvermittlung[26] unter Umständen Gefahr, in den Effekten eines „kindlichen Budenzaubers"[27] zu rotieren.

25 Stuart Hall: The Spectacle of the 'Other'. In: Ders./Evans/Nixon: *Representation*, S. 215–287, hier S. 228.

26 Einschlägige Arbeiten dazu finden sich u. a. bei Karen Wonders: *Habitat Dioramas: Illusions of Wilderness in Museums of Natural History*. Uppsala: Coronet 1993; Stephen Christopher Quinn: *Windows on Nature: The Great Habitat Dioramas of the American Museum of Natural History*. New York: Abrams 2006; Michael J. Reiss / Sue Dale Tunnicliffe: Dioramas as Depictions of Reality and Opportunities for Learning in Biology. In: *Curator. The Museum Journal* 54,4 (2011), S. 447–459.

27 Christiane Voss attestiert den Habitat Dioramen einen Hang zu paradiesischen, überirdischen, märchenhaften Darstellungen, die zur Folge haben, dass aus Wissensvermittlung unter der Hand kindlicher Budenzauber werde, vgl. Voss: Von der Black Box zur Coloured Box, S. 36.

Von der Zoologie zum Einhorn

Das Tier in der Ökologie des Anthropozäns – Ökologie als Disziplin der Biologie

Bernd Hüppauf

Über den Anfang der Ökologie sind wir vergleichsweise genau informiert. Ernst Haeckel erfand den Begriff in den 1860er Jahren und bestimmte ihn auf nachhaltige Weise. Er führte die Probleme des Verhältnisses von Organismus und Welt in die Wissenschaft ein und definierte sie rein naturwissenschaftlich-biologisch.

> Unter Oecologie verstehen wir die gesammte Wissenschaft von den Beziehungen des Organismus zur umgebenden Aussenwelt, wohin wir im weiteren Sinne alle ‚Existenz-Bedingungen' rechnen können. Diese sind theils organischer, theils anorganischer Natur; sowohl diese als jene sind [...] von der grössten Bedeutung für die Form der Organismen, weil sie dieselbe zwingen, sich ihnen anzupassen.[1]

Seither stehen beobachtete Beziehungen zwischen Organismen und der sie umgebenden Welt (Biotop) im Zentrum des ökologischen Denkens, das sich als eine neue Wissenschaft versteht. So definiert ein neueres Lehrbuch: „Unter Ökologie [...] versteht man denjenigen Teil der Biologie, der die Beziehungen der Lebewesen untereinander und zu ihrer Umwelt untersucht."[2]

Organismus meint Pflanzen und Tiere. Das pflanzliche Leben werde ich im Folgenden nicht berücksichtigen. Die Ökologie der Tiere ist laut Fritz Schwerdtfeger „die Darstellung einer naturwissenschaftlichen, speziell zoologischen Disziplin, die auf Erfahrung beruht, auf der Beobachtung und dem Versuch."[3] Gegenstand der Ökologie, schreibt

1 Ernst Haeckel: *Generelle Morphologie der Organismen. Allgemeine Grundzüge der organischen Formen-Wissenschaft, mechanisch begründet durch die von Charles Darwin reformirte Descendenz-Theorie*, Bd. 2. Berlin: Reimer 1866, S. 286; Kap. 19, Abschnitt XI trägt die Überschrift: „Oecologie und Chronologie". Chronologie meint bei Haeckel aber etwas anderes als die Zeit, von der ich spreche.

2 Ulrich Krull / Hans Knodel: *Ökologie und Umweltschutz*. Stuttgart: Metzler 1974/75, S. 1.

3 Fritz Schwerdtfeger: *Ökologie der Tiere*, Bd. 1: Autökologie. Die Beziehungen zwischen Tier und Umwelt. Hamburg / Berlin: Parey 1977, S. 11.

Schwerdtfeger weiter, seien *Systeme* und *Gefüge.* In ihnen bestimmt er das Tier als eine abhängige Variable:

> Gegenstand der Autökologie[...] ist das Tier in seiner Umwelt. Dabei können Tier und Umwelt konkret ein bestimmtes Individuum in einem gegebenen Milieu oder abstrakt der Repräsentant einer Art und die sie beeinflussenden äußeren Verhältnisse sein.[4]

Die Ökologie in der Tradition von Haeckel blendet Naturphilosophie aus, denn sie sei, schreibt Schwerdtfeger, der „Erfahrung entrückt". Die Tier-Umwelt-Beziehung wird als ein Zwang verstanden. Die Bindung an die Umwelt zwinge Organismen zur lückenlosen Konformität. Für Einzeller und primitive Organismen gelte ebenso wie für Säugetiere, dass wir sie im Rahmen der Umwelt als fixierte Größen, die keinem Wandel unterliegen, beschreiben. Ziel der Ökologie sei, „die von ihr untersuchten Beziehungen kurven- oder zahlenmäßig zu erfassen."[5] Sie haben keine Geschichte oder, wenn wir im Rahmen der biologischen Ökologie von Geschichte reden wollen, dann geht es um die unvorstellbar langsame Zeit der Evolution. Wenn die Ökologie der Gegenwart das Wissen mit Handeln (bewahren) zu verbinden sucht, bildet diese Zeit ein Problem.

Das führt zu einem weiteren Grundproblem für den gegenwärtigen Ökologiediskurs, das kurz erwähnt werden soll: Solange die Beziehungen durch Zahlen und Kurven dargestellt werden, sind sie im Sinn der wissenschaftlichen Objektivität definiert. Das ist für die Ökologie der Gegenwart unangemessen. Sie ist von der Umweltkrise bestimmt und erfordert Philosophie. Ökologie ist neu zu bestimmen, das Vertrauen auf die Objektivität der Zahlen aufzugeben und der Beitrag des Menschen zur Natur als ein wesentliches Element der Beziehungen einzuschließen.

Das Problem *Umwelt*

Der Begriff der Umwelt stellt das grundlegende Problem des Organismus-Welt-Verhältnisses.[6] Jakob von Uexküll hat ihn in die

4 Schwerdtfeger: *Ökologie der Tiere*, Bd. 1, S. 30.

5 Ebd., S. 11.

6 Unter dem Gesichtspunkt der Tier-Umwelt-Beziehung stellt sich die Frage, ob Tiere in ähnlicher Weise wie Menschen dadurch bestimmt werden können, dass sie, wie Markus Wild mit Martin Heidegger fragt, sich zeigend auf eine gemeinsame Umwelt beziehen können? Tiere haben eine Umwelt, und der Mensch, argumentiert die Verhaltensforschung, hat Welt. Die Tierforschung hat seit einigen Jahrzehnten

wissenschaftliche Diskussion eingeführt. Er versteht darunter die durch die Sinne wahrgenommene Welt, in der sich ein *bestimmtes Individuum*, das er stets als *Repräsentant der Art* versteht, bewegt. In dem Maß wie Tiere als Teile ökologischer Systeme verstanden werden, gehören sie in ein fest gefügtes Netz aus Beziehungen zwischen organischen und anorganischen Elementen, an dem die Menschen wie alle Tiere, auch die evolutionär unentwickelten Lebewesen, gleichermaßen teilnehmen. In Studien an Zecken, Amöben, Würmern hat er Theorien über den wechselseitigen Austausch zwischen Organismen und ihrer Welt entwickelt.

In dieser Umwelt verfolgen Tiere Interessen. Zum Beispiel ist das Interesse der Zecke an der Welt durch drei Sinne vermittelt: Lichtempfindlichkeit, Wärmewahrnehmung und Geruch. Die Lichtempfindlichkeit signalisiert ‚oben und unten', der Wärmesinn zeigt die Nähe eines weiteren Lebewesens an, und der Geruchssinn identifiziert Buttersäure, die von Lebewesen ausgedünstet wird, deren Blut sich saugen lässt, so dass sich die Zecke von oben auf ihre Beute fallen lässt, um sich von deren Blut zu ernähren. Diese durch die Physiologie der Sinne auf drei Eigenschaften beschränkte Welt ist laut Uexküll die Umwelt der Zecke, an die sie ideal angepasst ist und in der ihr Interesse an Nahrung ihr Verhalten lenkt.

Ist der Begriff Interesse unter diesen Umständen gerechtfertigt? Und rechtfertigen die durch Reize aus der Umwelt invariabel gesteuerten Reaktionen den Begriff des Subjekts?

Eine Theorie der Umwelt, argumentiert Uexküll zugleich, dürfe nicht aus der Mechanik und Summe physischer Eigenschaften entworfen werden. Sie müsse vielmehr vom Verhältnis eines Subjekts, das seine Welt als ein Ensemble von Zeichen wahrnimmt, ausgehen. Für alle bewegten Organismen setze sich die Welt aus selegierten Elementen ihres Bewegungsraums, der für sie zu einem Informations- und Bedeutungsträger wird, zusammen. Dieses Zusammenwirken von Tier und einer Welt aus Zeichen veranlasste ihn, Tiere als *Subjekte* zu bezeichnen. Man kann nach Uexküll von Umwelt als einem *biosemiotischen Gefüge* sprechen. Das Semiotische an diesem Gefüge sorgt für die Freiheit der Interpretation.

überraschende kognitive Fähigkeiten nicht nur bei Primaten, sondern bei vielen Tieren, etwa Rabenvögeln entdeckt. Dass Tiere nicht nur Umwelt haben, sondern weltoffen sind, ist dennoch zweifelhaft. Vgl. Markus Wild: *Tierphilosophie*. Hamburg: Junius 2013.

Der immanente Widerspruch zwischen Zwang und Freiheit wies in die Zukunft. Wir können, denke ich, für die Ökologie der Gegenwart das naturwissenschaftlich deterministische Bild nicht länger zugrunde legen. Sie darf nicht auf die wissenschaftliche Beschreibung von Natur in der Physik und Chemie, in deren Zusammenhang Zahlen und Daten das Bild der Natur bestimmen, festgelegt werden. Umwelt umfasst das Leben und schließt die Ebene der Bedeutung ein. Sie ist damit größer und weiter als Physik und Chemie. Nur wenn das Wissen des ökologischen Denkens nicht auf die Theorien der Naturwissenschaften beschränkt wird, kann es seinen neuen Aufgaben gerecht werden.[7] Die Ökologie der Gegenwart *zwingt* zum Umdenken.

Die Umweltkrise ist kein Naturereignis

Die neue Ökologie gibt philosophische Fragen auf. Denn sie entsteht unter den Bedingungen der drohenden Katastrophe. Die Umweltkatastrophe ist nicht Natur. Sie betrifft die Natur. Sie ist keine Katastrophe, die in den Kategorien der Naturwissenschaft erklärt und durch Zahlen und Graphiken beschrieben werden könnte. Sie ist kein Naturereignis wie ein Vulkanausbruch, ein Tsunami oder eine Pandemie. Die ökologische Katastrophe ist eine Idee oder die Zusammensetzung vieler Ideen, die wir in die Zukunft projizieren, um sie der Natur zuzuschreiben. Sie kann nicht vorgefunden, beobachtet und beschrieben werden, sondern ist ein vorgestelltes Ereignis der Zukunft, die antizipierte Folge von menschlichem Handeln, deren erste Zeichen wir beobachten. Die Umweltkatastrophe ist eine Konstruktion aus der Perspektive der Wissenschaften. Wir stehen keiner Katastrophe gegenüber und sind nicht die Opfer eines Ereignisses, das die Natur oder göttliche Fügung über uns hereinbrechen lässt, sondern sprechen von einer kulturellen Konstruktion, mit Vermutungen durchsetzt. Sie ist die mentale Antizipation des Zusammenruchs der beobachteten Gefüge/Systeme, der zu einer globalen Katastrophe zu führen droht. *Umweltkatastrophe* ist die Vorstellung einer teleologischen Macht, deren Auswirkungen der

7 Von theoretischen Definitionen hält sich frei: Joachim Radkau: *Natur und Macht. Eine Weltgeschichte der Umwelt*. München: Beck 2002. Ein lesbares und von Zuneigung getragenes Bild von Umwelt entsteht. Im Kapitel „Nachdenken über Umweltgeschichte" macht er den Versuch, „Scheuklappen und Sackgassen der historischen Umweltforschung" zu überwinden. Die Frage kann aber nicht abgewiesen werden, wie diese Phänomenologie der Umwelt zum Schutz der Welt beitragen könnte.

Furcht derjenigen entsprechen, die ein kritisches Verhältnis zur Gegenwart unterhalten. In einem affirmativen Verhältnis zur Gegenwart gibt es sie nicht.

Durch die Drohung mit der Endgültigkeit unterscheidet sich die ökologische Katastrophe von allen früheren Katastrophen. Sie hatten ein Ende, nach dem das Leben weiterging. Von dieser Sicherheit kann die Gegenwart nicht mehr ausgehen. Das System der Organismen ist Eingriffen des Menschen, dessen Planung und Phantasie, ausgesetzt, die zur Zerstörung führen können. Die Rolle des Menschen im gedachten endgültigen Ende ist ungeklärt und kontrovers.

Die Umweltkatastrophe ist, im Unterschied zu Naturkatastrophen, global, weil sie von Menschen gemacht wird, ein Symptom und die Folge des Anthropozäns. Wir sind nicht nur (zukünftige) Opfer, sondern selbst Urheber und Akteure in der drohenden Katastrophe. Der Diskurs Umweltkatastrophe richtet sich auf ein Bild von Natur, das sich aus unterschiedlichen Blickwinkeln anders ansieht – oder verleugnet werden kann.

Die neuen Verhältnisse stellen Forderungen an das Verstehen. Die Unterscheidung von Natur und Technik, Natur und Kultur ist obsolet geworden. Das wissenschaftliche Wissen ist keine zureichende Grundlage für ökologisches Denken. Denn Natur ohne Technik und Technologie gibt es nicht mehr. Der Unterschied zur Naturkatastrophe stellt die Aufgabe, Philosophie in die Ökologie einzuführen und Ökologie in der Philosophie zu reflektieren. Der Geist ist in das Verhältnis eingedrungen, und die Geistes- und Kulturwissenschaften müssen in die Ökologie einbezogen werden.

Die neue Ökologie ist die Kombination aus Physik und Chemie mit einer Kulturtechnik, durch die sich Planung und Gedächtnis in die Natur einschreiben. Die Überzeugung der traditionellen Hermeneutik, verstehen lasse sich nur, was vom Menschen erdacht und erfunden worden ist, muss neu gefasst werden. Sie bezieht sich dann nicht auf den Gegensatz von Kultur, die verstanden werden könne, und Natur, die sich dem Verständnis entziehe und allenfalls auf erklärende Regeln und Gesetze zurückgeführt werden könne. Natur gibt es nicht mehr ohne den Einschluss von Kultur. Das widerspricht der seit Haeckel eingebürgerten Ansicht. Die öffentliche Wahrnehmung geht weiterhin von einem konservativen und konservierenden Verständnis der Ökologie aus, auf Zahlen und Graphiken gestützt, das sich um den Gedanken der Harmonie arrangiert. Das ökologische Denken ist gemäß dieser

Ansicht der Versuch, die Natur als eine über lange Zeiträume und ohne das Eingreifen des Menschen sich erhaltende Balance zu verstehen. Das ist ein Missverständnis.

Ökologie muss an ihren Aufgaben scheitern, sobald sie am Ausgangspunkt bei Haeckel festhält. Das Verhältnis zwischen Organismus und Natur ist in der Ökologie kompliziert geworden und erklärungsbedürftig. Das Wissen der Naturwissenschaften muss durch das Wissen der Kultur und Phantasie erweitert werden. Ökologisches Denken muss sich auf die Fusion von Natur und Technik richten, die in der Gegenwart durch die synthetische Biologie zu einer grundlegenden Veränderung von Natur und Ökosystemen führt.

Es gibt kein Zurück zu Haeckels Bestimmung. Das Ende der Determinierung und die Auflösung des Zwangs haben eingesetzt. Der Zwang zur Anpassung, von dem Haeckels Theorie der Ökologie ausgeht, kehrt sich um. Naturphilosophie ist ein unabdingbares Element der Ökologie geworden: Beschreibung kann in der Ökologie nicht mehr der Zweck sein. Beschreibung gibt es nicht mehr ohne Wertung, und *Sollen* überlagert *Sein*. Das postzoologische Zeitalter beginnt, in dem Wissenschaft und Zivilisation eigene Fakten und die Erwartung schaffen, dass sich die Natur nach ihnen und den zugrundeliegenden Absichten richtet.

Das postzoologische Zeitalter

Entgegen dem von Naturschützern im öffentlichen Diskurs oft erweckten Eindruck kann die ökologische Frage nicht als die Zusammenstellung der Vergehen des Menschen gegen die Natur verstanden werden. Sie ist folglich nicht durch das Verbot dieser Vergehen zu lösen. Sie wird von einer gänzlich neuen Situation grundiert. Ökologie kann nicht länger als eine Abteilung der Biologie verstanden werden.

Die Entwicklungen in der Wissenschaft üben einen Zwang aus, aber nicht im Sinn von Haeckel. Er ist kein Teil der objektiv beschreibbaren Beziehungen und betrifft nicht das Überleben einzelner Gattungen und Arten, sondern unser Denken über das Gefüge aus Organismen und Natur. Die Entwicklung im Denken und Vorstellen zwingt, das Verhältnis neu zu bestimmen. Wir können geradezu von einem Zwang sprechen, einzuschließen, was Haeckel und Schwerdtfeger explizit ausschlossen: die menschliche Kultur. Was Schwerdtfeger als objektives *Gefüge* und *System* bezeichnete, ist einem fundamentalen Wandel unterworfen.

Ein Freiraum, der sich vom biologischen Determinismus befreit, entsteht: fort von der Anpassung an die Umweltbedingungen und hin zu wissenschaftlich-kulturellen Konstruktionen. Die neue Biologie greift in die Definition von Leben ein und macht den biologisch festgelegten Organismus zu einem besonderen Fall. Sie reduziert Organismen im Labor auf notwendigste Systemkomponenten. Ein Minimalorganismus entsteht, der als eine Art ‚Gerüst' dient, um durch den Einbau von sogenannten *Bioparts* ein biologisches System zu erzeugen. Organismus als Tier ist eine Konstruktion in diesem Zusammenwirken aus Natur und Kultur. Sie löst die Frage nach der Zukunft aus, so dass Probleme der Verantwortung in die *Gefüge* und *Systeme* der Ökologie aufgenommen werden müssen.

Biodiversität war bisher ein Problem des Schutzes vor dem rapiden Artenverlust als Folge des Eingriffs in die Natur, und das Denken der Evolution war auf die Beschreibung langfristiger Veränderungen und Entwicklungen gerichtet. Die neue Biologie verändert die Lage grundsätzlich. Sie wird durch den Nutzen für den Menschen gerechtfertigt, da es in der nahen Zukunft möglich werde, Erbkrankheiten und Pandemien abzuschaffen.[8] Dieser Herausforderung hat sich die Ökologie bisher verschlossen.

Die Biologie wird um Systeme erweitert, die – nach dem Muster der Camouflage – Zugehörigkeit und Normalität vortäuschen. Wir erleben nicht Mimesis in den Metamorphosen der Mimikry, sondern sind Zeugen einer Täuschung der Natur durch eingreifende Experimente. Außer dieser Täuschung sollen die neuen Systeme auch von der Beziehung zu ihrer Umwelt weitestgehend isoliert werden, so dass sie der Evolution nicht unterworfen sind. Damit würde auch die schleichende Zeit der Mutation außer Kraft gesetzt und die Grundlage der Ökologie im Sinn von Haeckel negiert.

Die Entfremdung von der Welt als Zwang der Umwelt hat zur Bezeichnung *Xenobiologie* geführt. Dies Fremde muss, argumentiere ich, in die postzoologische Ökologie eingeschlossen werden.

8 Im Licht der Erfahrungen mit wissenschaftlichen Erfindungen und Entdeckungen der Vergangenheit ist äußerste Skepsis angebracht. Das ökologische Denken geht an dieser Stelle in Zukunftsprojekte über und macht ethische Reflexion auf der Grundlage genauer wissenschaftlicher Kenntnisse notwendig.

Das Anthropozän

Eine konstitutive Veränderung im Verhältnis zur geologisch-zoologischen Geschichte ergibt sich. Im Mensch-Natur-Verhältnis beginnt eine neue Epoche. Die Welt als Umwelt, von der Haeckel und Uexküll sprachen, gibt es nicht mehr. Der Mensch und das Tier sind keine Funktion des ökologischen Systems, und der Mensch zieht in die Ökologie als Verursacher ein.

Die Erdzeitalter sind bisher unter Ausschluss des Menschen konzipiert worden. Das Anthropozän erfordert seinen Einschluss. Die Frage lässt sich nicht mehr abweisen, ob sich die Welt des Anthropozäns grundsätzlich von der des Holozäns der letzten 12.000 Jahre unterscheidet. Diese Epoche emanzipiert sich von der Zeit der Geologie, die den früheren Epochenbestimmungen der Erdgeschichte zugrunde lag, und schließt die Zeit des Geistes, das Denken und Planen ein.

Der Mensch hat immer schon in die Natur eingegriffen. Zivilisation ist aus diesem Eingreifen entstanden und hat auf die Natur zurückgewirkt. Natur ist – für Europa ist das eine empirische Feststellung und für andere Kontinente wie Australien oder Regionen Ostasiens eine philosophische These – die vom Menschen bearbeitete Natur. Landschaft besteht in Europa aus dem Zusammenwirken von gerodeten Flächen, aus denen Felder, Weiden und Siedlungen entstanden sind, sowie Resten von Wäldern, die, selbst wo sie der Natur *zurückgegeben* werden, von Menschen bearbeitet worden sind und weiter besessen werden. Zu den Tieren gehören seit den Anfängen der Zivilisation die gezüchteten Tiere.

Der Jahrtausende alte Eingriff des Menschen in die Natur hat im 20. Jahrhundert eine neue Dimension gewonnen. Dieser Eingriff des Menschen in die Natur bedeutet nicht einen weiteren Schritt in der Herrschaft über die Natur, in dem der Geist in Form von Wissenschaft und Industrie die Natur bearbeitet, sondern der menschliche Geist greift fundamental in die Grundlagen der Natur, in die *natura naturans*, ein. Der Eingriff rechtfertigt die Bezeichnung Anthropozän. Das Anthropozän führt zu einer unvorhergesehenen, fundamentalen Veränderung im Verhältnis von Natur und Mensch.

Die Ebene der rein naturwissenschaftlichen Veränderungen wird nicht bezweifelt. Dass die Verfahren und Regeln der Wissenschaften für die Erkenntnis des Zustands der Welt unabdingbar sind, ist eine banale Feststellung. Die Verschmutzung von Luft, Land und Wasser durch

Chemikalien und Plastik hat die entlegensten Winkel des Globus erfasst, und die Ausrottung von Tieren und Pflanzen durch den Menschen hat einen objektiv messbaren Effekt. In einem geologischen Gutachten schreibt Colin Waters, es gebe seit kurzem eine globale Verbreitung von artifiziellen Materialien wie Aluminium und Plastik, die unumkehrbare Wirkungen auf die Sedimente und das Eis haben, und Flugpartikel sowie der Niederschlag atomarer Technik hätten Effekte, die denen der Naturkatastrophen der Vergangenheit entsprächen.[9] Die Folgen dieses Eingreifens zeigen sich in der *natura naturata*, in der Geologie in Sedimenten und den geologischen Eisformationen. In der Biologie sorgt der bevorstehende Eingriff in die Keimbahn für das Ende der Natur im Reproduktionsprozess des Lebens. Manipulation an der Eizelle hat bereits im Drei-Eltern-Verfahren zu einem lebensfähigen Organismus geführt.

Die Auswirkungen des menschlichen Eingreifens in die Welt haben die Bedeutung der natürlichen Evolution für die Veränderung der Welt erreicht. Nach Jahrtausenden menschlicher Eingriffe in die Natur wirkt das menschliche Handeln zum ersten Mal (mimetisch) mit der Qualität der Naturkräfte. Die Begriffe Mimesis, Mimikry und Mimese im Titel dieser Publikation stecken den Rahmen der Analyse dieser Fragen ab, die in die Natur- ebenso wie die Kulturwissenschaften gehören.

Krise und Erkenntnis

Ökologie arbeitet interdisziplinär und hat stets ihr Verhältnis zu den Methoden anderer Disziplinen wie Geographie, Geologie und Klimaforschung klären müssen. Im geochronologischen Zeitalter des Anthropozäns kommt die Philosophie hinzu.[10] So ist der durch menschliches Handeln verursachte Klimawandel eine Ursache für die Krise,

> die dadurch gekennzeichnet ist, dass die Selbstregulationsfähigkeit ökologischer Systeme […] durch anthropogene Einwirkungen überstrapaziert wird […]. Wenn

9 Colin Waters et al: The Anthropocene Is Functionally and Stratigraphically Distinct from the Holocene. In: *Science* 351,6269 (08.01.2016). http://www.eurekalert.org/jrnls/sci (Zugriff am 23.12.2016).

10 Paul J. Crutzen: Die Geologie der Menschheit. In: Ders. et al.: *Das Raumschiff Erde hat keinen Notausgang*. Berlin: Suhrkamp 2011, S.7–10. Vgl. auch Hubert Markl: *Natur als Kulturaufgabe*. Stuttgart: DVA 1986, Kap. 4.

> nun die gebotene Therapie [...] nicht angemessen in Angriff genommen wird, dann liegt offensichtlich kein Erkenntnis-, sondern ein Handlungsdefizit vor.[11]

Die Klimaforschung dient oft als Modell, an dem Veränderungen und Bedrohungen anderer Bereiche der Umwelt illustriert werden. Was bedeutet der Wandel für das Tier? An der Schnittstelle von Selbstregulationsfähigkeit und anthropogenen Einwirkungen entsteht auch das neue Interesse am Tier. Die Opposition von Erkenntnis und Handlung, abgeleitet von den Kenntnissen über den Klimawandel, gilt für die Frage nach dem Tier aber nur sehr bedingt. Das Problem des Handelns in der Krise ist offensichtlich. Die Erkenntnisfrage ist aber ebenso offen. Das Tierbild darf sich nicht auf die Empirie der Zoologie verengen. Die zeitlose Welt und das determinierte Tier in ihr gehören in die Vergangenheit. Das Tierbild muss eine Dimension der Phantasie und Erfindung einführen oder, wie mir scheint, wiedergewinnen.

In der Folge wissenschaftlicher Revolutionen wurden Spekulation, Überlieferungen ohne Empirie und alle Formen des vorwissenschaftlichen Wissens aus dem Bestand des Wissens ausgeschieden. Das Ideal des wissenschaftlichen Tierbilds schloss Tiere, die nicht im zoologischen Lehrbuch verzeichnet sind, aus dem Denken der Natur aus. Das Vertrauen auf die positiven Fakten in der Zoologie und die Möglichkeit einer abschließenden Beschreibung der Fauna wurde im späten 19. Jahrhundert theoretisch begründet. Naturkundemuseen gaben ihm visuellen Ausdruck. Die beliebten Dinosaurierskelette in Eingangshallen (von Berlin bis Sydney) waren das sichtbare Zeichen der Idee, das Ganze der Fauna repräsentieren und damit das Geheimnis der Tierwelt lüften zu können. Der Taxonomie, dem Sammeln von Tieren und der Gründung von Naturkundemuseen im 19. Jahrhundert lag die positivistische Ansicht zugrunde, an einem Projekt der Finalisierung teilzunehmen. Letztlich sollte im begrenzten Raum eines Gebäudes (für die Naturkundemuseen wurden gewaltige Häuser gebaut) die ganze Fauna repräsentiert werden. Karl August Möbius, Direktor des Berliner Museums, war 1886 ein prominenter Vertreter der Ansicht, „das Verhältnis der Artbegriffe zur objektiven Abstammungslehre“ lasse sich klären und die Frage der real existierenden Arten abschließend beantworten.

11 Tine Stein: Zum Problem der Zukunftsfähigkeit der Demokratie. In: Bernward Gesang (Hrsg.): *Kann Demokratie Nachhaltigkeit?* Wiesbaden: Springer VS 2014, S. 47–63, hier S. 49.

Von dieser Aussicht hat sich die Wissenschaft inzwischen verabschiedet. Das ökologische Denken in der Krise muss die grundsätzliche Unmöglichkeit, ein vollständiges Wissen über die Tierarten zu gewinnen, in die Vorstellung von Natur einbeziehen. Welche Auswirkungen das Ende des zoologischen Tierbilds auf das pragmatische Denken von Natur hat, ist erst zu klären.

Ein neues Tierbild

Skeptiker hatten stets an einem Bild der Fauna festgehalten, in dem die Imagination nicht als eine Fälschung der Natur diskreditiert wurde. Unerwartete Entdeckungen von Tieren oder Fossilien gaben der Skepsis Nahrung. Wenn Spuren eines Tiers gefunden wurden, zum Beispiel Skelettteile, denen kein lebendes Tier zugeordnet werden konnte, wirkte die Annahme, das Tier sei ausgestorben. Es gibt aber Beispiele dafür, dass ein über lange Zeit nicht gesichtetes und daher für ausgestorben gehaltenes Tier unvermittelt auftauchte. Nach seiner Entdeckung durch die Zoologie wird oft bemerkt, dass das unbekannte Tier den Gesellschaften in der Nähe seines Lebensraums bekannt und in oralen Überlieferungen nie ausgestorben war.

Zu den bekanntesten Zweiflern am zoologischen Tierbild gehören Schriftsteller, z. B. Edgar Allan Poe. Sein Riesenkrake ist später durch Beobachtung bestätigt worden, und seine Erfindung des *Hopfrog* erweitert das Tierbild um ein Mischwesen, das seine Berechtigung nicht in der empirischen Welt sucht und eine solche Bestätigung nicht braucht. Charles Gould weist darauf hin, dass Victor Hugo von Kritiker_innen in der Presse 1877 verlacht wurde, weil er die Grenze des ernsthaften Wissens überschritten habe, indem er einen Teufelsfisch erdachte und einen Mann im Kampf mit ihm beschrieb, der schließlich zum Opfer des riesigen Tiers wurde.[12] Wenige Jahre danach wurde vor Neufundland der zehnarmige Tintenfisch mit bis zu zehn Meter langen Tentakeln entdeckt, und Hugos Phantasie wurde durch Empirie bestätigt. Der Riesentintenfisch war in Japan seit Jahrhunderten in Bildern gezeigt worden.

Die Entwicklung der Zoologie selbst gibt Anlass, den Glauben an das zoologische Tierbild zu überwinden. Es gibt nicht einmal eindeutiges Wissen darüber, wie viele Tierarten bekannt sind, und letztlich ist die

12 Charles Gould: *Mythical Monsters*. London: Allen 1886, S. 11.

Zahl der Tierarten keine Frage des Zählens, sondern der Definition. Denn wir zählen nicht Tiere, sondern Bezeichnungen. Das Auftauchen einer Spezies in zoologischen Lehrbüchern sagt nichts über ihre Existenz in der Natur, und ebenso wenig sagt ihr Verschwinden aus ihnen etwas über das Verschwinden aus der Natur. Wir können davon ausgehen, dass das Leben einer Spezies den Zeitraum der Beobachtung durch den Menschen übertrifft. Ein ökologisches Denken ohne das Einbeziehen dieser Dimension entzieht sich selbst den Boden und macht sich überflüssig.

Um ein ökologisches Programm zu rechtfertigen, das auf die Umweltkrise eingeht und die bedrohte Artenvielfalt schützt, sind nicht mehr objektive Daten und Fakten nötig. Sie sind, so lückenhaft sie sein mögen, im Übermaß vorhanden. Vielmehr ist eine veränderte mentale Einstellung gefordert. Das Tier jenseits der Zoologie ist eine Voraussetzung für ökologisches Denken. Das Tier im Verständnis der Nutzwirtschaft und der Zoologie ist für die Fragen der Ökologie nicht geeignet. Solange das Tier als Objekt menschlichen Handelns verstanden wird, kann es an ökologischen Fragen der Rettung von Natur nicht beteiligt sein.

Die ökologische Einstellung zur Natur erfordert ein Tier-Bild, das den Anthropomorphismus vermeidet, sich aber ebenso von den überkommenen Definitionen der Zoologie befreit, so dass das Tier nicht im Verständnis der Zoologie behandelt, aber ebenso wenig als ein Element in die menschliche Geschichte eingefügt wird. Nur ein Tier, das an dem Verhältnis zwischen zoologischer und anthropologischer Geschichte mitwirkt, kann als Mitstreiter im Kampf um das Leben in die Ökologie einbezogen werden.

Das postzoologische Zeitalter des Tiers hat begonnen. Das zoologische Bild vom Tier kann nicht vergessen, muss aber überwunden werden. Ebenso wie in Bezug auf den Begriff der Umwelt ist seit einigen Jahrzehnten die Frage, was unter dem Begriff *Tier* zu verstehen sei, offen. Die umgebende Natur und das Tier erfüllen nicht länger die Bedingungen, von denen Haeckel ausgehen konnte. Die Autökologie, die feste Beziehung zwischen Organismus und Umwelt, hat ausgedient. Ein neues Interesse am Tier entsteht in Folge des Zerfalls des Beziehungsnetzes. Dieser Zerfall ist gleichzeitig mit der Umweltkrise konstitutiv verbunden. Er lenkt die Aufmerksamkeit auf eine Natur, die sich in einem Prozess grundlegenden Wandels befindet; in der Natur sind es die Tiere, an denen das Umwelt-Verhältnis reflektiert wird. Das Tier als Subjekt im Verständnis von Uexkülls ist nicht länger die Norm.

Subjekt bedeutet nicht länger, Untertan der Natur zu sein. Zunächst hat die Forschung zur tierischen Intelligenz zum Entstehen eines Freiraums beigetragen. Die Vorstellung des instinktgeleiteten Tiers ist unhaltbar geworden. Radikaler wirkt die synthetische Biologie.

Im Blick auf die Vergangenheit lassen sich drei Typen unterscheiden: das Fabeltier, das Nutztier und das Tier der Zoologie. Die Übergänge sind fließend, und in der Gegenwart kommt das Tier der Ökologie, in dem sich Zoologie und Fabel mischen, hinzu.

Ökologische Tiergeschichte darf nicht als eine auf die Kultur projizierte Zoologie, kann aber ebenso wenig im Rahmen der menschlichen Geschichte geschrieben werden. Sie verbindet Kulturgeschichte und Biologie und bildet ein Scharnier zwischen Natur und Imagination. Tierphilosophie muss mit Zoologie zum ökologischen Denken verbunden werden, damit postzoologische Tiergeschichte entsteht. Diese Kulturgeschichte von Tieren behandelt Zeiträume der Evolution, die mit der Zeit der Kultur synthetisiert wird.

Das Tier ist, nicht anders als der Mensch, in die neue Beziehung zur Natur einbezogen. Der Mensch ist in der allgemeinen Definition durch die Ökologie ein Tier. Die Unterschiede schrumpfen unter den Fragen der Ökologie. Aber es ist die Folge einer ideologischen Position, wenn sie ignoriert werden. Das ökologische Denken führt nicht zwangsläufig zur Abschaffung der Differenz.[13] Der Mensch ist nicht als tierischer Organismus, sondern durch den Geist als Produktionskraft in das ökologische Gefüge einbezogen. Andererseits ist das Tier für die Ökologie nicht mehr bloße Natur.

Die Deskription der biologischen Ökologie muss mit der kulturgeschichtlichen Perspektive, die das menschliche Handeln als ihren Ausgangspunkt bestimmt, synthetisiert und in eine Ethik des Handelns im Netzwerk ökologischer Zusammenhänge eingefügt werden. Ethik bedeutet in diesem Verständnis nicht das moralische Verhalten gegenüber dem Tier, also das Verbot der Tierquälerei, sondern die Verantwortung im Umgang mit der Natur als gesellschaftliche Aufgabe, die die Zukunft des Lebens aus einer neuen Gemeinsamkeit von Mensch und Tier ermöglichen soll.

Diese Ethik kann an das Wissen vor-moderner Zeiten und primitiver Gesellschaften anknüpfen. Es ist nicht länger bloß der Gegenstand von

13 Die Tierrechtsbewegung meint es gut mit dem Tier, entsteht aber nicht aus der Ökologie, sondern folgt einer moralischen Entscheidung.

Ethnografie und Psychologie, sondern ihm wird eine Produktivität für das eigene Wissen von Welt zugestanden. Seit Franz Boas, Lucien Lévy-Bruhl und andere Theoretiker_innen im frühen 20. Jahrhundert das Denken der ‚Primitiven' vom Stigma des Irrationalen befreit haben, ist es möglich geworden, vom „wilden Denken" zu lernen und dieses Wissen ernst zu nehmen.[14] Für die Philosophie des Tieres hat diese Wende eine besondere Bedeutung. In den oralen Traditionen außereuropäischer Kulturen hat sich ein Wissen erhalten, von dem die westliche Zivilisation mit Gewinn Kenntnis nehmen kann. Aus Mythen und Legenden und dem praktischen Wissen des Alltagslebens lassen sich Kenntnisse gewinnen, die unser Natur- und Tierbild verändern. So halten wir, schreibt Charles Gould, den geflügelten Greif, den Phönix, den geflügelten Löwen, das Einhorn und andere mythische Tiere nicht länger für den Ausbund irrationaler Phantasien, sondern fragen nach dem im Tier verborgenen Wissen. Ein anderer Aspekt ist jedoch wichtiger: die nahtlose Verbindung zwischen beobachteten, erinnerten und imaginierten Tieren. Sie führt weg von einer Sicht der Natur, in der nur existiert, was in den Formeln der Wissenschaft beschrieben ist. Die zu rettende Natur ist weiter; sie umfasst Lebewesen, die nicht beschrieben worden sind sowie Rätsel in den beschriebenen Tieren.

Es gilt festzuhalten, dass das wissenschaftliche Tierbild sich nie vollständig durchsetzte. In der Literatur, in mündlichen Traditionen und pseudo-religiösen Ritualen erhielt sich auch im aufgeklärten Europa das emotional besetzte Tier. So behielt zum Beispiel der Frosch, der in Physiologie und Medizin ein Jahrhundert der Abstraktion und Verwissenschaftlichung erfuhr, eine Stelle in der Kulturgeschichte mit prägender Kraft für populäre Bilder. Sie wurden jedoch in Zeiten der Wissenschaftsgläubigkeit als Kinder- und Aberglauben disqualifiziert. Das Unglückstier, hässlich und bedrohlich, das Tier der Ambivalenz, der Fruchtbarkeit und Zeugung, das bei der Geburt beteiligt ist, ein Helfer der Frauen, von Apotheker zu heilendem Pulver zerstoßen, und zugleich verantwortlich für ‚Missgeburten', wurde als Ausgeburt irrationaler Phantasie verhöhnt und ist aus der Vorstellungswelt der Gegenwart gänzlich verschwunden. Die Verwissenschaftlichung war Teil der Fortschrittsgeschichte und zugleich eine Verarmung, die dem Tier der Natur nicht gut bekommen ist.

14 Vgl. Gould: *Mythical Monsters*; Robert Brown: *The Unicorn. A Mythological Investigation*. London: F. S. A. 1881.

Von der Kryptozoologie lernen

Die Forscher_innen der Frühen Neuzeit lebten noch in einer Welt der weißen Flecken und bevorstehenden Entdeckungen, waren auf neue Tiere erpicht und fügten Tiere wie Einhorn, Basilisk, Hydra, den Vogel Phönix und Rock oder Drachen aufgrund von Beschreibungen und Zeichnungen von Abenteurern und Weltumseglern in ihre Tierbücher ein. Sie nahmen eine den beobachteten Tieren gleiche Position ein. Der Basilisk, eine Zusammensetzung aus mehreren Tieren, meist Hahn und Reptil, erhielt sich über einige Jahrhunderte und löste Furcht aus. Bis ins 20. Jahrhundert gesellten sich riesige Seeschlangen, Kraken und andere Seeungeheuer hinzu.[15]

Noch den frühen Entwicklungstheorien, die mit den Methoden der beginnenden Naturwissenschaft nach der Diversität der Fauna fragten, lag ein Tierbild zu Grunde, von dem sich das experimentierende wissenschaftliche des 19. Jahrhunderts distanzierte. Renommierte Gelehrte wie Albertus Seba (1665–1736), Conrad Gessner (1516–1565), Pierre Belon (1517–1564) nahmen Phantasietiere in ihre Sammlungen auf und trugen damit zum populären europäischen Tierbild bei. Selbst in Carl von Linnés *Systema naturae* (1735) erhielt sich der *homo troglodytus*, ein behaartes menschliches Wesen, das in Höhlen lebte und von Linné in einen Zusammenhang mit dem Orang-Utan und den Satyrn gestellt wurde. Auch Georges-Louis Leclerc, Comte de Buffons Theorie war nicht frei von Lebewesen der Imagination, etwa dem Pongo, einem behaarten menschenähnlichen Wesen, von dem Afrikaner_innen berichteten. Das Vorstellungsbild, das sich von diesem Lebewesen bildete, verband Mensch und Tier. Die Methoden der neuen Wissenschaft haben bei der Giraffe zu einer vergleichbaren Auflösung von Eindeutigkeit des Tiers der Zoologie geführt. DNS-Analysen des Senckenberg Biodiversitäts-Forschungszentrums haben zu der Erkenntnis geführt, dass unter dem Namen Giraffe vier verschiedene Spezies zusammengestellt werden, die sich in freier Wildbahn nicht paaren, obwohl sie in großer Nähe zueinander leben. Der Anlass der Untersuchung war praktischer Art, nämlich ein Giraffenumsiedlungsprogramm. Aus theoretischer Sicht ist jedoch eine philosophische Folge zu bemerken: Die genetischen Unterschiede zeigen, dass die Taxonomie, auf die wir seit Linné vertrauen, kein eindeutiges Wissen über die Tiere erlaubt.

15 Lothar Frenz: *Riesenkraken und Tigerwölfe. Auf den Spuren der Kryptozoologie.* Reinbek: Rowohlt 2003.

Mit dubiosen Tieren beschäftigt sich die Kryptozoologie. Bis ins 19. Jahrhundert konnte es keine Kryptozoologie geben. Denn die Unterscheidung zwischen beobachteten und phantasierten Tieren war fließend. Kryptozoologie ist keine Unterkategorie der Zoologie und keine okkulte Pseudowissenschaft.[16] Es geht nicht darum, die Kryptozoologie den akademischen Disziplinen hinzuzufügen. Ich will mit dem Bezug auf sie vielmehr zeigen, dass eine Konzeption vom Tier jenseits der zoologischen Lehrbücher wiedergewonnen werden kann.
Kryptozoologie benutzt wie die Paläontologie Konjekturen und Extrapolation, mit denen kryptische Informationen komplettiert werden. Ihre Besonderheit liegt darin, dass sie sich Forderungen der wissenschaftlichen Epistemologie nicht unterwirft. Sobald sie danach strebt, die Kategorien der systematischen Wissenschaft anzuwenden, müsste sie ihre Verbindung zur Vorstellungswelt aufgeben und würde ihre Rechtfertigung verlieren. Sie verhindert Eindeutigkeit, und das Tier der Kryptozoologie zeichnet sich durch Ambivalenz aus.
Die Kryptozoologie sucht nach verborgenen Tieren, für deren Existenz es vage Hinweise gibt wie Versteinerungen, Fußspuren, Haar oder Kot. Sie lässt die Entscheidung, welche Tiere gleichzeitig mit dem Menschen sind, offen. Lebende Fossilien sind symptomatisch. Die Bezeichnung enthält einen Widerspruch: einer ausgestorbenen Tierart wird dennoch Leben zugesprochen. Der Zusammenhang von Aussterben und Leben ist in der Naturgeschichte kompliziert. Spinnen lassen sich als lebende Fossilien bezeichnen. Denn sie stammen aus dem Devon und haben sich über Millionen von Jahren unverändert erhalten. Wir ernten Schwämme im Meer, die seit dem Paläozän unverändert leben. Sie sind die Untoten der Natur. Der Frosch, das erste landlebende Wirbeltier, kann im Jura, das vor etwa 200 Millionen Jahren begann und vor etwa 145 Millionen Jahren endete, nachgewiesen werden. Er hat die Dinosaurier überlebt. Schauen wir, wenn wir heute einen Frosch im Gartenteich sehen, in eine erdgeschichtliche Tiefe? Versetzt uns das Tier, wenn wir es in die Hand nehmen, in die Welt, der es sein Entstehen verdankt, die Welt der Dinosaurier, die von unserer Welt so fern scheint wie ein ferner Planet?

16 Kryptozoologie ist in Deutschland weitgehend unbekannt und auch in den USA, wo eine nennenswerte Liste an Publikationen vorliegt, nicht unumstritten. Es geht um eine lose verbundene Gruppierung von Zoologen, Paläontologen und Anthropologen.

Das wohl bekannteste Beispiel eines von der Suche nach dem unbekannten Tier zum Leben erweckten Fossils sind die Quastenflosser. Sie entstanden im Devon vor etwa 410 Millionen Jahren, waren der Wissenschaft unbekannt und wurden 1938 im Indischen Ozean vor Südafrika entdeckt. Die Menschen im Umkreis der Inseln von Madagaskar kannten sie genau.

James L. B. Smith, ein Chemiker und bekannter Fischexperte an der Rhodes University in Grahamstown, Südafrika, schrieb über den Quastenflosser, der bis dahin nur als Fossil bekannt war: „Ich wäre kaum erstaunter gewesen, wenn ich auf der Straße einem Dinosaurier begegnet wäre."[17] 1987 gelang es einer Forscher_innengruppe des Max-Planck-Instituts für Verhaltensphysiologie, den für ausgestorben gehaltenen Fisch in seinem natürlichen Lebensraum in 200 Metern Tiefe nahe den Komoren zu beobachten. Sie machten die ersten Fotos von einem lebenden Quastenflosser. Die Bilder waren eine wissenschaftliche Sensation. Was aber weitreichender wirkt als die Überraschung der Meeresbiologen, ist die exemplarische Erfahrung der unerschöpflichen Weite der Natur. Wer davon überzeugt ist, das Meer zu kennen, ist doch nicht sicher vor dem Unbekannten, vor der Erfahrung der Endlosigkeit der räumlich begrenzten Welt.

Es gibt nur wenige Tierarten, die sich über Millionen von Jahren erhalten haben, ohne durch die Evolution wesentlich verändert worden zu sein. *Lebendes Fossil* ist daher die Bezeichnung für entwicklungslose Lebewesen, für ein Langzeitleben ohne Anpassung an veränderte Bedingungen der Natur. Da die Zahl der Arten, die veränderungslos überlebt haben, klein ist, bestätigen sie die Annahme, dass Wandel als evolutionäre Anpassung an äußere Verhältnisse und damit die Produktion von Umwelt zum Leben der Tiere gehört. Aber Veränderungslosigkeit gehört offensichtlich ebenso in die Natur. Die anhaltende Präsenz des Anfangs muss in das ökologische Denken einbezogen werden. Durch sie liefert die Natur einen Maßstab, der in das ökologische Denken aufgenommen werden muss, unabhängig von kulturellen Konstruktionen. Dieser Einschluss in das Denken verändert die Einstellung zur Natur. Denn das Denken in Kategorien der Entwicklung

17 Vgl. James Leonard Brierley Smith: *Vergangenheit steigt aus dem Meer*. Augsburg: Günther 1957. Smiths Theorie ist nicht bestätigt worden. Der Vergleich mit Genen von 14 Landwirbeltieren (Hühner, Frösche, Elefanten) hat erwiesen, dass der westafrikanische Lungenfisch ihnen näher verwandt ist als den Quastenflossern.

ist uns natürlich geworden. Lebende Fossilien stellen wir uns als Ausnahmen vor, um am Denken nach den Prinzipien der Evolution festhalten zu können. Entscheidend, denke ich, ist die Struktur des Denkens von Natur, das die Veränderungslosigkeit an einen voraufgeklärten Glauben, etwa den Kreationismus delegiert, dem Glauben an Ufos vergleichbar. Die Möglichkeit eines überlebenden Dinosauriers finden wir abwegig.[18] In einer abgelegenen Region der Welt auf ein fliegendes Reptil zu stoßen, halten wir für unmöglich. Der Gedanke widerstrebt dem modernen Wissen von der Natur ganz elementar. Darin zeigt sich die Grenze des gegenwärtigen Bildes von Natur und vom Tier, das nur nach den Bedingungen der Evolution gebildet wird. Das ökologische Denken erfordert die Gratwanderung zwischen einem Naturbild, das die Evolution einschränkt, und einem, das Imagination zulässt, ohne einem unkritischen Glauben an Phantasmagorien zu verfallen.

Die Suchrichtung der Kryptozoologie kann umgekehrt werden. Sie kann sich auf die Suche nach dem unentdeckten Tier im bekannten Tier begeben. Der unbekannte Frosch, sein Mythos und die affektive Bindung des Menschen an das Tier können in das Tierbild aufgenommen werden.

Ich will aus den fragwürdigen Tieren das Einhorn als Beispiel herausgreifen. Es hatte, wie das Einhorn auf dem Ischtar-Tor (6. Jahrhundert v. Chr.) im Berliner Pergamonmuseum zeigt, einen festen Ort im Bild der Welt seit der Zeit Babylons. Das Fabeltier repräsentierte über Jahrhunderte das Edle und Gute in der Natur. Auch im *Physiologus* des katholischen Mittelalters taucht das Einhorn auf, das nur von einer Jungfrau gefangen werden konnte. Noch am Anfang des zoologischen Tierbilds nahm Conrad Gessner das Einhorn in seine Sammlung von Tieren auf (*Historiae animalium*, 1551).

Das Einhorn, weiß, wild und vom Mond beschienen, in einen ewigen Kampf mit dem Löwen verwickelt, um Finsternis und Übel zu besiegen und die Reinheit der göttlichen Schöpfung zu retten, ist aus dem Tierbild der Gegenwart verschwunden. Wie alle magischen Tiere überlebte

18 Roy P. Mackal: *A Living Dinosaur? In Search of Mokele-Mbembe*. Leiden: Brill 1987. Mackal entwickelt pseudo-wissenschaftliche Thesen, die auf Augenzeugenberichten aus dem Kongo beruhen und auf Jesuiten zurückgehen, die seit dem 17. Jahrhundert von lebenden Dinosauriern berichtet haben. Carl Hagenbeck hat bereits 1912 über lebende Dinosaurier im Kongo geschrieben.

es die Entzauberung der Welt seit dem 18. Jahrhundert nicht und wurde als bloße Phantasmagorie abgewehrt.[19]

Für die Existenzfrage lassen sich zwei Argumentationswege unterscheiden. Den einen entwickelt der Zoologe Josef Reichholf mit den Mitteln der Wissenschaft.[20] Das Einhorn existiert(e). Daran lässt sich schwerlich zweifeln. Zu genau sind schon die alten Angaben. Eine einfache zoologische Diagnose führt ebenso zum richtigen Tier, wie der Raum, in dem es lebte, dazu passt...

Die in den wesentlichen Beschreibungen der Antike enthaltenen Kennzeichen führen wie ein zoologischer Bestimmungsschlüssel auf die richtige Spur. Beim Einhorn handelte es sich zweifellos um ein Huftier. Aber weil die Hufe gespalten waren, gehörte es nicht zu den Pferden, den Einhufern, sondern zu den Paarhufern und als Hornträger zur Familie der Rinderartigen. Das lange, spießartige Horn mit auffällig ringelartigen Querwülsten verweist auf die Großantilopen und darin auf die Gruppe der sogenannten Pferdeböcke. Größe, Fellfarbe und die Form der Hufe ordnen das Einhorn der Gattung der Oryx-Antilopen zu. Zu diesen hatte es Johannes Lennis Mitte des 19. Jahrhunderts also ganz folgerichtig gestellt.[21]

Diese Erklärung der Existenz scheint mir fehlgeleitet zu sein. Die abschließenden Fragen von Reichholf, weisen jedoch in eine andere Richtung, fort von der zoologischen Entzauberung des Fabeltiers und hin zu einem das wissenschaftliche Denken transzendierende Tierbild. An dies, das ältere, mythische Bild lässt sich anknüpfen.

19 Eine kleine Auswahl an Büchern über das Einhorn: Carl Cohn: *Zur literarischen Geschichte des Einhorns*. Berlin: Gaertner 1896; Jochen Hörisch: *Das Tier, das es nicht gibt. Eine Text-& Bild-Collage über das Einhorn*. Nördlingen: Greno 1986, Jürgen (Pater) Werinhard: *Einhorn, Spiritalis unicornis. Das Einhorn als Bedeutungsträger in Literatur und Kunst des Mittelalters*. 2. Aufl. München: Fink 1990; Winfried Hagenmaier: *Das Einhorn. Eine Spurensuche durch die Jahrtausende*. München: Eulen 2003; Jacques Le Goff: *Ritter, Einhorn, Troubadoure. Helden und Wunder des Mittelalters*. München: Beck 2005.

20 Josef H. Reichholf: *Einhorn, Phönix, Drache. Woher unsere Fabeltiere kommen*. Frankfurt: Fischer 2012.

21 Josef H. Reichholf: Fabelhaftes Einhorn. Nur eine mythische Figur oder doch eine besondere Antilope? In: *Die Welt*, 03.01.2008. https://www.welt.de/welt_print/article1512239/Fabelhaftes-Einhorn.html (Zugriff am 17.02.2017).

Synthetische Biologie

Die entstehende synthetische Biologie weist Ähnlichkeiten mit der Kryptozoologie auf. Sie gehört ebenso wenig in den etablierten Kanon der Wissenschaften wie die Kryptozoologie, aber sie geht über sie hinaus, denn sie nimmt keine Rücksicht auf die chemischen Grundlagen der Natur. Der Blick der Kryptozoologie ist auf die Vergangenheit gerichtet. Die synthetische Biologie ist ihr zukunftsgerichtetes Pendant. Hat die Kryptozoologie das Potential, die Imagination in das ökologische Denken einzuschließen und durch den Blick in die Vergangenheit oder in ferne Regionen das Tierbild zu erweitern, so weist die synthetische Biologie in die Zukunft. Sie begnügt sich nicht damit, Elemente zu kombinieren und Variationen herzustellen, sondern sie löst die Grenzen des Tiers als Repräsentant der Art auf. Schließt die Kryptozoologie das vorgestellte – erwünschte oder gefürchtete – Tier in das Tierbild ein, schafft die synthetische Biologie neue Organismen in Laborexperimenten. Die Intention ist es, künstliche Organismen zu erzeugen, die der bekannten Natur hinzugefügt werden.[22]

Die synthetische Biologie arbeitet an der Konzeption von Leben. Sie lässt die herkömmliche Gentechnik grundsätzlich hinter sich und baut auf Theorie, die es ermöglicht, in die Grundlage der Natur einzugreifen. Sie überträgt nicht einzelne Gene zwischen verschiedenen Organismen. Künstliche biochemische Elemente werden in Lebewesen integriert. Natürliche DNA und RNA werden durch synthetisierte Chemikalien ersetzt. Die Träger der Erbinformationen sind in diesen neuen Systemen synthetisch produzierte Xenonuclein-Säuren. Sie konstruiert artifizielle Systeme, die die Grundlage des chemischen Aufbaus der Welt durch Aminosäuren verlassen, um die Biologie der Evolution zu überlisten und um Systeme, die neue Eigenschaften erhalten, zu erweitern. Sie sollen von der Beziehung zu ihrer Umwelt weitestgehend isoliert werden, so dass sie die Evolution außer Kraft setzen. Anpassungs- und Mutationsresistenz würde zum ersten Mal in der Naturgeschichte die Grundlage der klassischen Ökologie negieren.

Entsprechend den biologischen Vorbildern werden chemische Systeme mimetisch aufgebaut, so dass sie bestimmte Eigenschaften von Lebewesen nachahmen. Aber Mimese wird lediglich vorgetäuscht. Wollen

22 Es ist nicht mehr eine wilde Phantasie, durch die Behandlung von DNA-Material aus den Funden im Permafrostboden, etwa von Mammuts, längst ausgestorbene Tiere zum Leben bringen zu können.

wir von Metamorphose sprechen, so ist sie nicht ein Element von Mimikry, sondern entsteht aus eingreifenden Experimenten. Das Ziel ist, lässt sich sagen, die Natur zu täuschen. Die Motive der Täuschung sind interessengeleitet: Es geht nicht um die Rettung der Natur, sondern darum, dem Menschen Vorteile im Lebenskampf zu verschaffen. Die auf den Nutzen für den Menschen gerichtete Ausbeutung der Natur setzt sich fort. Aus dem Experimentieren mit Mimesis und Konstruktion entsteht eine Disziplin, die sich *biomimetische Chemie* nennt. Sie schafft eine wissenschaftliche Praxis, die den Gegensatz von Nachahmung und Veränderung überbrückt. Eine Theorie, die den Brückenschlag reflektiert und in Begriffe fasst, gibt es nicht.[23]

Unter diesen Bedingungen darf ökologisches Denken nicht vernachlässigen, dass die Idee einer Natur als Rückzugsraum, als Gegenwelt zur Zivilisation und Welt der Technik keine gesellschaftliche Bedeutung mehr hat. Es ist konsequent anzunehmen, dass seit dem ersten technisch produzierten Instrument in der Hand eines Menschen der Bruch mit der Natur und der erste Schritt in Richtung der synthetischen Biologie getan war. Das Bewusstsein von der Radikalität des Bruchs und der damit ausgelösten Entwicklung konnte sich aber erst in unserer Gegenwart entwickeln, als Wissenschaft den Menschen vom Nutznießer von Instrumenten zum Schöpfer einer neuen Natur verwandelte.

Die Möglichkeit, Natur nicht nur zu verstehen, sondern in sie einzugreifen und eine neue Natur herzustellen, hat das Verhältnis zur Natur grundlegend verändert. Wir gewinnen nicht nur ein Verständnis davon, wie die Natur arbeitet, sondern versetzen uns in die Position, an dieser Arbeit mitzuwirken oder sie zu übernehmen. Das ökologische Denken muss diese neue Position des Menschen in seinem Verhältnis zur Umwelt in sich aufnehmen. Ein ökologisches Denken ist gefordert, das das Ideal des Erhaltens, Schonens und Weiterreichens überschreitet. Daraus ergibt sich nicht nur ein neues Verhältnis zum Tier, sondern das Tier entsteht neu.

Mit ihm treten Täuschung und Camouflage in die Natur ein. Sie lösen sich von der festen Organismus-Umwelt-Bindung und gewinnen eine vollkommen neue Bedeutung. Metamorphosen und Camouflage können nicht weiter allein als Anpassungen und Überlebenstechnik im

23 Aus dieser Position gegenüber der Natur folgen Ängste. Sie müssen in das ökologische Denken aufgenommen und durchgearbeitet werden. Darauf kann ich hier nicht eingehen.

Gefüge der Umwelt verstanden werden. Aus dem Zwang zur Anpassung wird die Freiheit der Verwandlung, nicht allein im Denken des Organismus, sondern im Organismus selbst. Wir können vom kommenden Tier sprechen. Es ist das in der Vergangenheit und Zukunft verborgene Tier: nicht beobachtet, sondern in der Imagination und in der wissenschaftlichen Theorie ausgedacht, das Tier der Versuche und Experimente, nicht beobachtet, aber keine Phantasmagorie. *Xenobiologie* entsteht und entwickelt das Tier der aufgelösten Gefüge als fremden Organismus. Das Fremde muss in die Fauna eingeschlossen und in der Ökologie der Gegenwart zum Teil des Umweltdenkens gemacht werden.

Zwischen Mimese und Konstruktion

Mit der Veränderung des Verhältnisses zum Tier wurden vor einigen Jahren Kulturgeschichten von Tieren beliebt. Die neuen Kulturgeschichten sind durch die grundlegende Veränderung der Einstellung zum Tier möglich geworden. Zuvor ist kein ähnlicher Versuch gemacht worden. Die jüngste *Entdeckung* des Tiers hat zu Arbeiten geführt, die das Tier *eingemeinden*, als Teil der menschlichen Geschichte behandeln. Das geschieht in kulturgeschichtlichen Studien über Schnecken, Eulen, Raben, Schweine oder Pferde. Die meisten erzählen vom Tier als einem bisher übersehenen Teil der Geschichte. Das Tier wird aus der Natur gelöst und aus einer Abhängigkeit von der kulturellen Entwicklung erfasst. Domestizierte Tiere, aber selbst die Schnecke, werden in die Entwicklung der Zivilisation eingeordnet und gewinnen aus den Beziehungen von Tier und Kultur eine Geschichte.

Diese Kulturgeschichten verändern die Geschichte, denn sie behandeln das Tier als eine Erweiterung der menschlichen Geschichte. Das Tier kommt zu einer Geschichte, die erzählt werden kann. Dadurch ergibt sich eine Bereicherung der Geschichtsschreibung, denn die Geschichte hat sich nie ohne Tiere ereignet. Um ein Beispiel zu nennen: Ein Krieg ohne den Einsatz von Tieren, vor allem Pferden, Elefanten, Eseln, war bis vor kurzem nicht möglich. Aber nach den Tieren in Kriegen wird erst seit wenigen Jahren gefragt.

Ein erstaunliches Beispiel liefert ein Buch über die Schnecke. Sie ist schleimig und wird, nicht anders als der Frosch, als eklig empfunden. Dennoch werden beide gegessen, und so geraten sie in die Geschichte. Das ambivalente Verhältnis des Menschen zum Tier liegt

Florian Werners Kulturgeschichte der Schnecke zugrunde. Das Buch macht nicht den Versuch, eine Geschichte der Schnecke jenseits der menschlichen Geschichte zu erzählen. Es ist Anthropomorphismus pur. „Tatsächlich verbringen Schalenweichtiere ein Gutteil des Jahres im wahrsten Sinne des Wortes ‚in sich gekehrt': in ihr Gehäuse, ihr ausgelagertes Ich versunken. Sie sind ganz bei sich [...] Schnecken denken langsam, aber gewaltig."[24] Die Schnecke wird zum Thema einer Reise durch eine Assoziationslandschaft, in der Beobachtung, Wissen und Phantasie zu einer Phantasie verwoben werden und das Ekeltier sich in ein Lusttier verwandelt.

Diese Geschichten werden durch einen Verlust erkauft. Sie blenden die Ökologie aus. Das Tier wird zum integralen Teil der menschlichen Geschichte. So kann es in einer solchen Geschichte eines Tiers heißen: „An den Pferden zeigt sich, wovon die Menschen schweigen."

Unter den Bedingungen der Gegenwart ist dieser Bezugsrahmen zu eng. Es greift zu kurz, das Tier als Element der menschlichen Geschichte zu verstehen. Von diesem Tier kann kein Beitrag zu den Fragen der gegenwärtigen Krise erwartet werden. Diese Geschichte der Tiere birgt die Gefahr, sich ins ökologische Abseits zu verlieren.

Eine neue Ökologie entsteht, und Tiere sind von ihrer Konstitution abhängig. Das Tier hat sich mit der Umweltkrise und der experimentellen Biologie verändert, und es wird auf eine neue Weise interessant. Das Tier in der Ökologie muss zwischen Kultur und Natur gesucht werden. Der Blick auf Tiere muss sich auf eine Beziehung richten, mit der menschliche Geschichte nur mittelbar verbunden ist. Tiere fordern nicht nur, in das ökologische Denken einbezogen zu werden, sondern ein anderes Tier entsteht im Kontext der neuen Ökologie. Die Kulturgeschichte vom Tier kann nur im Rahmen des ökologischen Denkens geschrieben werden. Sie handelt nicht vom Menschen und auch nicht vom Tier. Sie richtet sich auf das Verhältnis von Mensch und Tier, nun nicht mehr unter der Beziehung des Organismus zur umgebenden biologischen und anorganischen Außenwelt. Denn die Beziehung ist stets auch Kultur. Die umgebende Welt ist zugleich die Innenwelt. Die Grenze zwischen Mensch und Tier muss neu bestimmt werden.

24 Florian Werner: *Schnecken. Ein Portrait.* Berlin: Matthes & Seitz 2015, S. 118.

Das neue Tier der neuen Ökologie

Tier war in früheren Kulturen stets eine zeitbedingte kulturelle Konstruktion mit fließenden Grenzen zur Natur und zur Kultur des Menschen. Das Tier im Verständnis der Zoologie ist eine junge Entwicklung. Die Gegenwart muss am vor-wissenschaftlichen Verhältnis zum Tier anknüpfen.

Vorformen finden sich in der Fiktion des frühen 20. Jahrhunderts. Franz Kafkas *Die Verwandlung* (1915) ist exemplarisch. Aber bei Kafkas Käfer geht es um den Menschen, um Beziehungen zwischen Menschen, die am Tier entwickelt werden. Auch für Robert Musils „Fischer an der Ostsee" (*Nachlass zu Lebzeiten*) ist Ökologie ohne Bedeutung. Sie zeigen die Gefühllosigkeit, die im Krieg der Menschen gegen die Natur herrscht.[25] Die Würmer in seiner kleinen Skizze sind, wie die Menschen, schmerzfähig, aber als Partner im Kampf um die Natur ungeeignet. Erst mit dem Beginn der Umweltkrise entsteht das Tier als möglicher Verbündeter im Kampf um die Natur. Diese Metamorphose gehört zu den auszeichnenden Merkmalen der Gegenwart.

Dougal Dixon hat eine Menagerie phantastischer Tiere gemalt. Seine Bilder zeigen, wie Tiere nach dem Ende des Umbaus der Welt aussehen könnten: Dixon verfolgt die Frage, wie die Evolution aus der Vergangenheit gelöst und zu einer Basis für Vorhersagen werden kann.[26] Wir sehen eine Welt der lebendigen Natur nach dem Ende des zoologischen Blicks.

Dixons Metamorphosen zeigen keine Rückkehr zum magischen oder theologischen Tier. Der Eindruck wird vermieden, der wissenschaftliche Blick könnte wieder vergessen werden. Die Tiere können bizarr und grotesk sein. Das vergisst der Betrachter bald, und der entscheidende Punkt ist, dass der Mensch, obwohl er physisch nicht mehr existiert, doch durch seine Einbildungskraft in dieser neuen Natur weiterlebt. Diese Bilder verlassen nicht den Rahmen der Evolutionstheorie. Denn Camouflage wird als Anpassungstechnik verstanden und nicht als willkürlicher Versuch, wie die synthetische Biologie ihn betreibt, oder als Täuschung und Allotria.

Ansätze zum neuen Tier zeigen sich in Literatur und Bildwelt der letzten Jahrzehnte. Tiere wie Igel, Frosch und Schnecke gewinnen eine neue

25 Bernd Hüppauf: Literarische Ethnologie. Moderne, Primitivismus und der Erste Weltkrieg. In: *Musil-Forum* 34 (2016), S. 30–58.

26 Vgl. auch Alan Weisman: *Die Welt ohne uns. Reise über eine unbevölkerte Erde.* München: Piper 2008.

Bedeutung und entstehen als physische Tiere und zugleich als Vorstellungen der Umweltbewegung. Das ökologisch wahrgenommene Tier erzeugt, anders als eine anmutige Landschaft oder eine schöne Pflanze, kein Glücksgefühl. Es ist nicht, wie Martin Seel über das Bewahren der Natur argumentiert, schützenswert, weil es dem Menschen ein glückbringendes, ästhetisches Verhältnis zur Natur ermöglichte.[27] Es kann, ganz im Gegenteil, dazu dienen, die Frage nach der Natur von den Interessen des Menschen zu lösen. Der Frosch kann in den verkitschten farbigen Bildern aus Tropenwäldern das Vergnügen am Komischen, Bizarren und Grotesken auslösen. Aber wichtig ist nicht, dass der Frosch im Menschen etwas bewirkt, sondern, dass er da ist. Seine Existenz benötigt keine über das bloße Sein hinausgehende Begründung. Der Ökofrosch erzeugt eine Nähe aus der mentalen Entfernung vom Tier unter Erwägungen von Nützlichkeit oder Ästhetik.

An seinem Bild stellt sich nicht nur die Frage nach der Zukunft der Lurche, sondern auch die nach der Zukunft der Artenvielfalt und damit des Lebens. Der Ökofrosch enthält eine Aufforderung zur Identifikation mit der gefährdeten Natur, von der wir nicht sagen können, warum sie schützenswert ist, wenn wir nicht das Leben als höchstes Gut verstehen. Im Ökotier sehen wir ein Tier nach dem Ende des zoologischen wie des aneignenden oder erobernden Blicks. Diese Entfernung erlaubt es, den Frosch um seiner selbst willen zu betrachten, so dass er zu einem Partner im Kampf um das Leben werden kann.

Unter weiteren Beispielen will ich zum Schluss Robert Olmsteads Roman über ein Pferd herausgreifen.[28] Er schreibt über die ersten Pferde wie über lebende Fossilien. Sie waren unverwechselbar „von edlerem Geblüt“ als heutige Pferde.

> Wenn sie rannten, dann in einem herrlichen Kranz aus Weiß, der mit jedem Federn ihrer Rippen die Erde unter ihnen und die Luft über ihnen zum Verschwinden brachte. […] Er dachte daran, dem Pferd von diesen Dingen zu erzählen […], aber er brachte es nicht fertig, weil ihn dann Schwäche und Liebeskummer überkamen. […] Etwas zu erzählen, wovon er annahm, daß das Pferd es schon wußte, würde bedeuten, daß er sich für immer in ihm verlor.[29]

27 Martin Seel: *Eine Ästhetik der Natur*. Frankfurt am Main: Suhrkamp 1991.

28 An der Grenze zum neuen Tier bewegt sich Gerhard Falkner: *Bruno. Novelle*. Berlin: Berlin-Verlag 2009.

29 Robert Olmstead: *Der Glanzrappe*. Frankfurt: Eichborn 2009, S. 38.

Die Geschichte des *Glanzrappen* unterscheidet sich von den Kulturgeschichten der Pferde. Das Tier kommt nicht zu einer Geschichte, weil sie von der menschlichen Geschichte erborgt würde. Vielmehr nehmen Mensch und Tier gleichberechtigt an der gemeinsamen Geschichte teil.

> Er sah auf den Hengst, der still neben ihm Wache stand, erkannte in dessen Gesicht die eigene Trauer und schöpfte Stärke aus der Teilnahmslosigkeit, mit der das Tier dastand. Bestimmt spürte das Pferd, was er spürte. Bestimmt wusste es, was er wusste.[30]

Der Glanzrappe lässt sich als ein Entwurf des Tiers im postzoologischen Zeitalter verstehen, in dem Mimesis in Metamorphose übergeht.

30 Olmstead: *Der Glanzrappe*, S. 163.

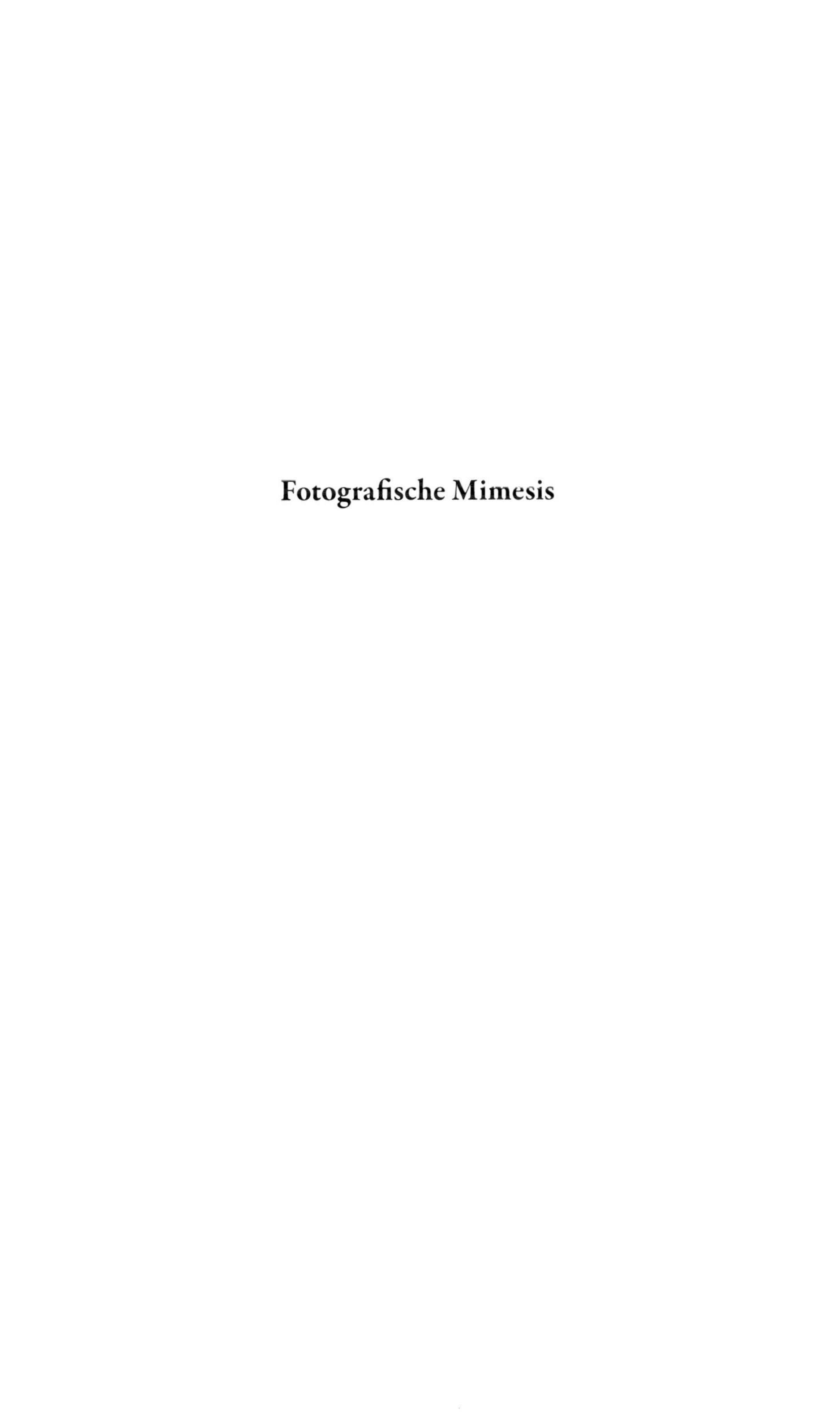

Fotografische Mimesis

Olivier Richon

ANIMA(L)
AFTER J. B. S. CHARDIN

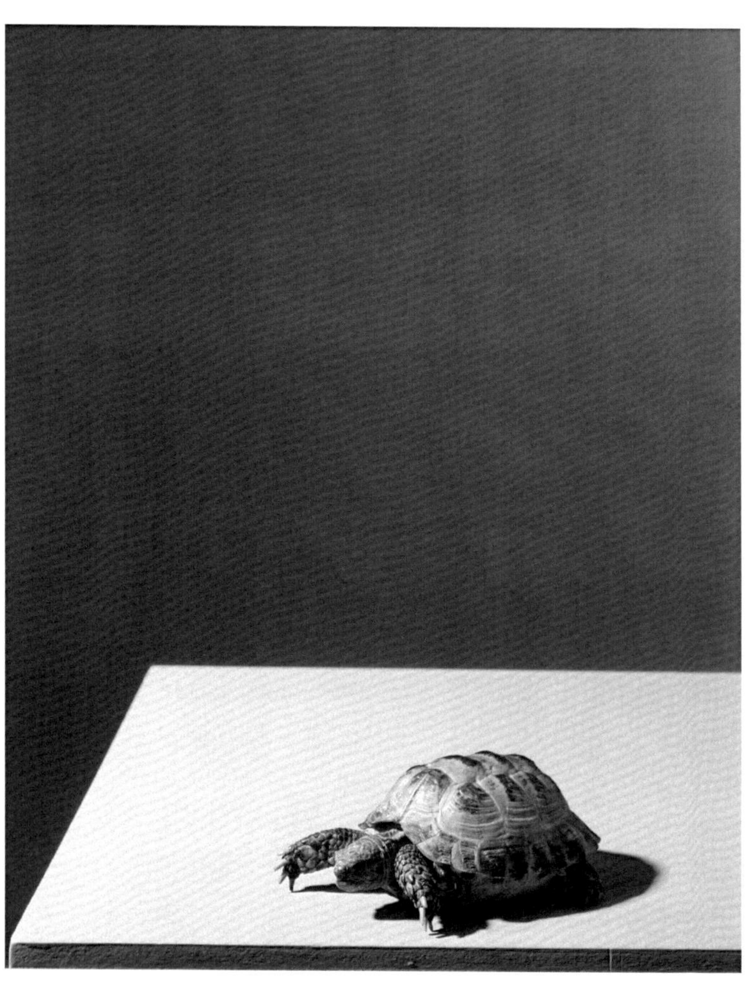

Nicky Coutts

Mimics 1
2015

Mimics 1 (2015)
Nicky Coutts

Eine Serie von 5 Fotoätzungen, 13 x 17 cm

Den zentralen Grünflächen von Lincoln's Inn gegenüber ballen sich so viele Anwaltskammern wie sonst nirgends im Vereinigten Königreich – ein Labyrinth von historischen Gebäuden, in denen Rechtsfälle in unmittelbarer Nähe zu den Gerichten vorbereitet werden. Coutts sandte jeder Kammer einen Brief, um zur Beteiligung an ihrem Projekt einzuladen. Dabei bat sie um ein einzelnes Blatt ihres offiziellen Briefpapiers, auf dem sie anbot eine Serie von mimetischen Tieren mit den Grünflächen als Kulisse zu zeichnen. Sie argumentierte, dass diese Tiere in gewisser Weise ähnliche Attribute wie die Anwälte entwickelt hätten hinsichtlich der Manipulation von Vordergrund und Hintergrund, Helligkeit und Schatten, offengelegter und verborgener Informationen.
Das Briefpapier, das sie von fünf Anwaltskammern erhalten hatte, wurde letztlich nicht zu diesem Zweck verwendet, sondern für eine Serie von Auftragszeichnungen eines Gerichtskünstlers in einer zweiten Serie mit dem Titel *Mimics 2*. Coutts fertigte jedoch zuerst eine Serie von Fotoätzungen an, für die sie gefundene Bilder von mimetischen Tieren, Fischen, Vögeln und Insekten verwendete, um die Grünflächen, durch die sich die Anwälte jeden Tag bewegen, zu bevölkern. Der Helm-Flughahn, die Sonnenralle, der Bananenfalter, der Serval und der Vieraugenfalterfisch zeigen alle zusätzlich zu ihren eigenen Augen vorgetäuschte Augenmarkierungen. Das macht aus ihnen zwei, ein Tier wird von dem anderen beherbergt. Auch wenn sie nicht behaupten, Angehörige einer juristischen Einrichtung zu sein, sind die Tiere in *Mimics 1* Manipulatoren, Überredungskünstler. Sie gestalten ein Bild, das uns genau das zeigt, was sie uns sehen lassen wollen.

Mimics 1
owl butterfly

Mimics 1
oriental flying gurnard

Mimics 1
serval

Mimics I
four-eyed coral fish

Mimics 1
sun bittern

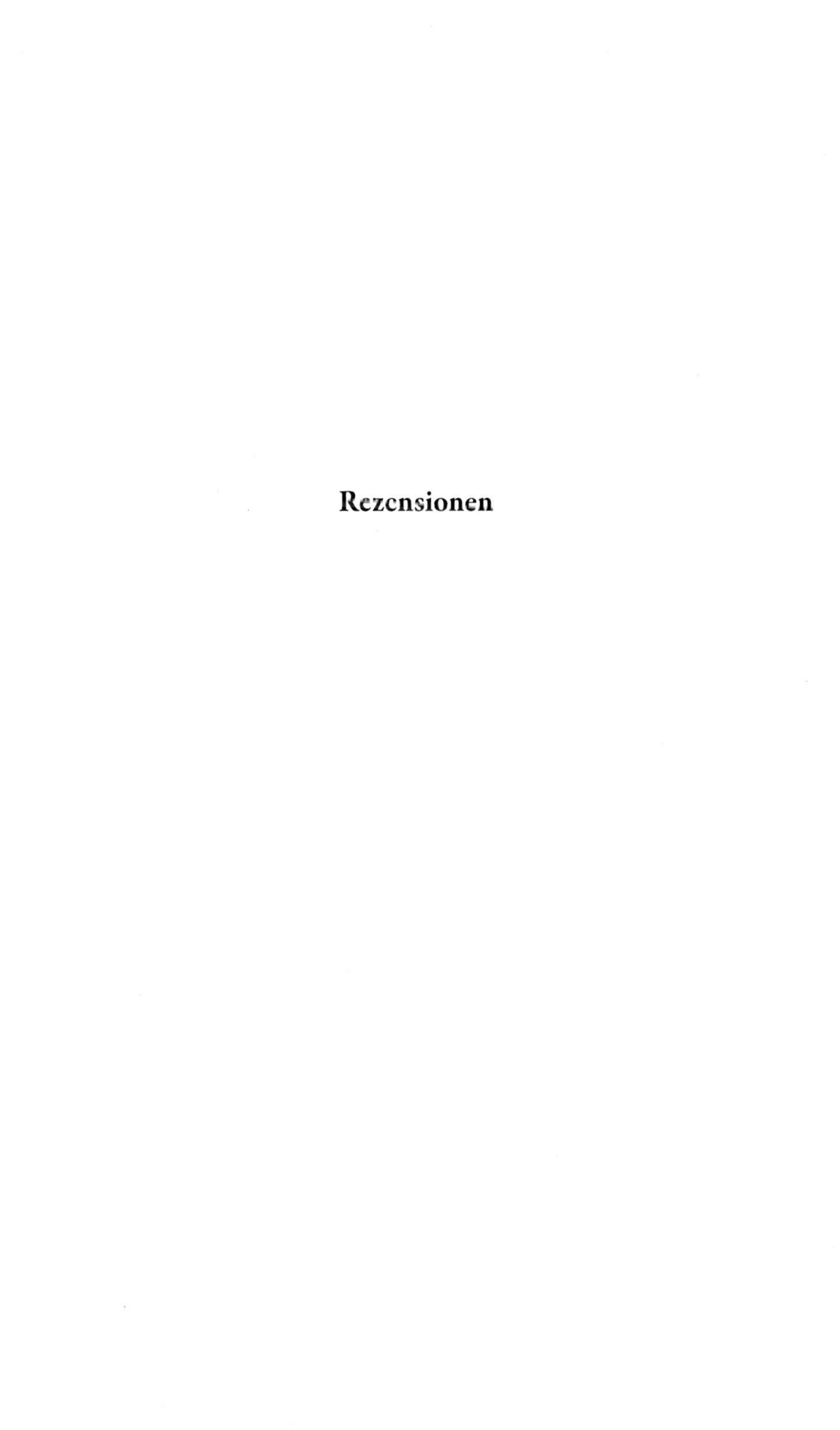

Rezensionen

„Make Kin Not Babies!“ Donna Haraway und Cary Wolfe über Ironie, Cyborgs und *Capitalocene*

Donna J. Haraway: *Manifestly Haraway.*
Rezensiert von Eva Hoffmann

In *The Cyborg Manifesto* – Donna Haraways Essay von 1985 – schreibt die Autorin, dass das Bedürfnis nach einem gemeinsamen und vereinten Widerstand gegen Herrschaftsstrukturen und Imperialismus niemals dringlicher sei als im Moment (15). Nun erschien der Text gemeinsam mit *The Companion Species Manifesto* von 2003 und einem Gespräch mit Cary Wolfe von 2016 in der Neuauflage *Manifestly Haraway.* Die jüngsten Ereignisse in Europa und den USA – zunehmender Popularismus auf beiden Seiten des Atlantiks, aber auch die monatelangen Proteste gegen die Dakota Access Pipeline – zeigen die Aktualität dieser und anderer Passagen in beiden Manifesten; eine Tatsache, die Cary Wolfe sowohl in seinem Vorwort als auch im Interview mit Haraway mehrmals betont und die das erneute Lesen beider Texte so lohnenswert macht.

Wolfe geht besonders auf Funktion und Form der Ironie in Haraways Denken und Schreiben ein; ein rhetorisches Mittel, das nach Wolfe für die „Offenheit“ der Essays sorgt und eine Weiterentwicklung ihrer wichtigsten Aspekte möglich machte (213). Haraway, die in allen drei Texten hervorhebt, dass sie sowohl von einem spezifischen historischen und kollektiven Standpunkt, als auch aus der persönlichen Perspektive der Tochter eines (katholischen) Sportjournalisten schreibt, reflektiert ihre eigene Rolle in der Entwicklung bestimmter Disziplinen oder Subdisziplinen als „Cultural Animal Studies“, „Human Animal Studies“ oder, wie Haraway es bevorzugt nennt, „Multispecies Studies“, welche zum Zeitpunkt der Manifeste „didn't quite exist yet“ (214–215).

Im Zentrum beider Essays steht der Gedanke der „sympoetischen Systeme“. Dass diese symbiotischen, kreativen Formen an einem gemeinsamen Schaffensprozess beteiligt sind – „making-in-symphony, making-with, never one, always looping with other worlds“ (216) – hebt Haraway im Gespräch mit Wolfe hervor. Die Frage nach dem „Wir“ beherrscht nach wie vor Haraways Denken und stellt sich im Zeitalter des Anthropozäns mit besonderer Dringlichkeit. Dementsprechend weist Haraway die Vorstellung zurück, das Anthropozän sei allein auf die Gattung des „Anthropos“ zurückzuführen. Als „situated complex historical web of actions“ ginge es vielmehr um ein historisches Phänomen, das wenig mit der Natur des Menschen zu tun habe, betont Haraway und schlägt alternativ den Terminus *Capitalocene* vor (237–238).

2016 verbindet Donna Haraway den Gedanken eines „Wir“, das sich jeglicher Gattungszuschreibung widersetzt und den Geist des *Companion Species*

Manifestos prägt, mit dem Widerstand gegen heteronormative Zwänge der Reproduktion im *Cyborg Manifesto*, der Haraway auch zu einer Vorreiterin der *Queer Theory* macht. Im Gespräch mit Wolfe teilt sie ihm ihr aktuelles Motto mit: „Make Kin Not Babys!" (224). Die enge Verwandtschaft zwischen Mensch und Tier ist dabei nicht nur auf unsere gemeinsame evolutionäre Vergangenheit zurückzuführen – auf die Haraway als gelernte Biologin häufig hinweist –, sondern auch auf biopolitische Mechanismen und Institutionen, die Menschen und Tiere gleichermaßen regulieren. In diesem Zusammenhang macht Haraway auch auf den Zusammenhang von „race" und „species" aufmerksam, ein Gedanke, der im *Companion Species Manifesto* angedeutet, aber nicht ausformuliert ist.

Die Neuauflage beider Essays in Verbindung mit dem Gespräch zwischen Cary Wolfe und Donna Haraway bietet nicht nur diesen beiden prominenten Denker_innen der Cultural Animal Studies, sondern auch deren Leser_innen die Möglichkeit zur Reflexion. Zum Zeitpunkt des Gesprächs zwischen Wolfe und Haraway im Mai 2016 ist der Wahlkampf in den USA bereits im vollen Gange und dessen misogyne und rassistische Rhetorik allgegenwärtig. Die behauptete Aktualität der Essays macht die Abwesenheit dieses politischen Themas besonders auffällig.

Donna J. Haraway: *Manifestly Haraway.*
University of Minnesota Press. Minneapolis, 2016, 336 S.
Paperback $ 19.95 (ISBN 978-0-8166-5048-4).

Die tierliche Rechtsperson: Warum und wie?

Saskia Stucki: *Grundrechte für Tiere. Eine Kritik des geltenden Tierschutzrechts und rechtstheoretische Grundlegung von Tierrechten im Rahmen einer Neupositionierung des Tieres als Rechtssubjekt.*
Rezensiert von Nico Müller

In dieser aus einer Dissertation hervorgegangenen Monographie verfolgt Saskia Stucki zwei zusammenhängende Projekte: (1) eine Kritik der Grundlagen des Tierschutzrechts insbesondere der deutschsprachigen Länder; (2) die Formulierung der Grundzüge einer tierlichen Rechtspersönlichkeit. Das geltende Tierschutzrecht steht laut Stucki im Spannungsfeld zweier Funktionen – einerseits schütze es Tiere vor Menschen, andererseits schütze es menschliche Nutzungsansprüche auf Tiere. Allgemeine Tierschutzbestimmungen etwa des deutschen Grundgesetzes bauten auf starken tierethischen Ansprüchen auf, welche aber mit zunehmender Praxisnähe zugunsten menschlicher

Nutzung verwässert würden. So bleibe das Tierschutzrecht immer hinter den eigenen ethischen Ansprüchen zurück – Stucki liefert hier eine zwar nicht völlig neue, aber präzise, übersichtliche und überzeugende Kritik.

Stucki untersucht in der Folge, ob Tiere als *Rechtssubjekte* (d. h. Rechteträger) denkbar sind. Während rechtspositivistische Ansätze im Prinzip für beliebige Erweiterungen der Rechtssubjektivität begrifflich offen seien, stellten naturrechtliche Ansätze typischerweise hohe Anforderungen an Rechtssubjekte. Den Versuch, Tiere aufgrund fehlender kognitiver Fähigkeiten aus der Rechtssubjektivität auszuschließen, lehnt Stucki ab. Erstens setze das eine Äquivokation zwischen einem deskriptiven Personenbegriff (das, was bestimmte kognitive Merkmale aufweist) und einem normativen Personenbegriff (das, was schützenswerte Interessen hat) voraus. Der Vorwurf der Äquivokation nimmt freilich vorweg, dass es vernunftethischen oder vertragstheoretischen Ansätzen nicht gelingen kann, die Koextension beider Personenbegriffe zu verteidigen. Zweitens, so Stucki, können zu restriktive Ansätze nicht die alleinige Basis der Rechtssubjektivität im geltenden Recht sein, welches auch kognitiv atypischen Menschen Rechte zugesteht. Die Möglichkeit tierlicher Rechtssubjektivität wird bei Stucki also letztlich nicht *theoriegeleitet begründet*, sondern eher mit Verweis auf kognitiv atypische Menschen *erstritten*. Eine Aufarbeitung tierlicher Rechtssubjektivität außerhalb eines rechtspositivistischen Ansatzes steht damit noch aus.

Die Untersuchung wendet sich dann der Frage zu, wo Tiere als Rechtssubjekte im Rechtssystem anzusiedeln seien. Stucki schlägt die Schaffung einer ‚tierlichen Rechtsperson' als dritte Kategorie neben den natürlichen und den juristischen Rechtspersonen vor. Sie sieht dies als goldenen Mittelweg zwischen zu großer Distanzschaffung (Einführung einer Kategorie der ‚Tiere' neben ‚Personen' und ‚Sachen') und zu großer Gleichmacherei (Subsumierung der Tiere unter die natürlichen Personen). Warum ihre bevorzugte Option die Tiere aber nicht ihrerseits als ‚Personen zweiter Klasse' ausgrenzt und verschiedene Tierarten zu stark gleich macht (da Laubfrösche, Muränen und Menschenaffen gleichermaßen ‚tierliche Personen' sein sollen), sollte stärker begründet werden.

Zuletzt formuliert und diskutiert Stucki tierliche Grundrechte im Einzelnen: Das Recht auf Rechtspersönlichkeit; eine absolute Tierwürde als Grundrecht; das Recht auf Leben; das Recht auf persönliche Freiheit inkl. der körperlichen und geistigen Unversehrtheit; die Bewegungsfreiheit; das Verbot von Folter und grausamer Behandlung. Die Übertragung dieser Menschenrechte auf Tiere erweist sich als wenig problematisch.

Stucki liefert mit *Grundrechte für Tiere* einen sehr wichtigen und originellen Beitrag zur tierethischen und tierschutzrechtlichen Literatur, dessen durchgehende Präzision und Stringenz erst die erwähnten Argumentationslücken sichtbar macht. Für Forschende über Tierrechte ist der Band von größtem

Interesse – Stuckis konziser und übersichtlicher Rechtekatalog für Tiere kann aber auch allen als Wegweiser dienen, welche sich für die Einführung juridischer Tierrechte in der Praxis einsetzen.

Saskia Stucki: *Grundrechte für Tiere. Eine Kritik des geltenden Tierschutzrechts und rechtstheoretische Grundlegung von Tierrechten im Rahmen einer Neupositionierung des Tieres als Rechtssubjekt.*
Nomos. Baden-Baden, September 2016, 445 S.
Hardcover 114 € (ISBN 978-3-8487-2795-7).

Analytische Feinmechanik

Philipp von Gall: *Tierschutz als Agrarpolitik.*
Rezensiert von Wolfgang Leyk

Probleme der industriellen Tierhaltung sind Teil eines komplexen Geflechts von Beziehungen, Interessen und Mechanismen. Philipp von Gall hat eine Untersuchung zu Wechselwirkungen von Tierschutz und Tierhaltung vorgelegt, die nicht nur inhaltlich, sondern auch methodisch Aufmerksamkeit verdient.

Von Gall bearbeitet die Rolle des Tierschutzes, der industrielle Tierhaltung nicht nur legitimiert, sondern erst ermöglicht. Dafür untersucht er die deutsche Tierschutzpolitik bis zur Tierschutzreform im Jahre 1972. Er vertritt die Ansicht, dass im Mittelpunkt der Tierschutzgesetzgebung nicht das Tierwohl, sondern die Interessen der Agrarpolitik stehen, u.a. deshalb, weil im Rahmen der Gesetzgebung Tieren sehr wohl Leid zugefügt werden kann. Von Gall stellt diesen Ansatz tierphilosophischen Impulsen z.B. zu Subjektivität und zu Leidensfähigkeit gegenüber, denn er ist an der Entwicklung eines durch Empathie gestützten Tierschutzes interessiert. Seine anfänglich noch eher allgemein gehaltene Argumentation zu Emotion und Empathie gewinnt dort Profil, wo sie auf Konzepte wie von Cora Diamond, Martha Nussbaum und Lori Gruen bezogen wird. Als Ergebnis bleibt, dass die Voraussetzungen zur rechtlichen Regelung von Tierschutz und Agrarpolitik im Rahmen tierphilosophischer bzw. tierethischer Überlegungen neu verhandelt werden sollten. Dazu ist es notwendig, die Interessen der Agrarpolitik von der Tierschutzpolitik zu lösen oder zumindest um andere Orientierungen wie ethische Pflichten, Gerechtigkeit oder die Anerkennung von Tieren als schützenswerte Rechtssubjekte zu ergänzen.

Die Probleme der Tierhaltung beruhen nicht nur auf fehlenden moralischen Prinzipien oder individualethischen Versäumnissen. Sie sind auch Ergebnis einer komplexen Mechanik, in der nicht nur wirtschaftliche Interessen, sondern auch politische und rechtliche Kräfte wirken. Sie sind unbestimmbar verbunden mit bestimmten Wissensregimen. Überzeugend entwickelt das von Gall durch seine Analyse sogenannter Sachverständigkeit. Man hat es im Tierdiskurs nicht nur mit Emotionen, Prinzipienfragen und Wirtschaftsinteressen zu tun, sondern auch mit einer Art von „Sachverständigkeit". Diese verwaltet nicht nur objektive Wissensbestände, sondern ist selbst eingebunden in einen Komplex von Meinungen und Interessen. Mit dieser Analyse gelingt von Gall der Einblick in die anfangs erwähnte komplexe Mechanik des Tierwohldiskurses.

Im Diskurs undurchdringlicher Argumente und sich blockierenden Sachwissens könnte von Galls analytischer Vorschlag zukünftig eine wichtige dekonstruktive Rolle spielen. Belebend für den Tierdiskurs ist es, wenn nicht nur Sachfragen diskutiert werden, sondern deutlich wird, wie Einzelthemen in Bezug gesetzt und verknüpft werden. Ich habe den Eindruck, dass hier das Tierschutzgesetz (von 1972) zum ersten Mal in einer Rolle beschrieben wird, die es im gesamten System von Interessen und Begründungsdynamiken hat. Am Ende seiner Arbeit stellt von Gall folgerichtig die Frage nach der Legitimation eines solchen Gesetzes und weist auf die fehlende praktische Konkretion des Gesetzestexts hin.

Lediglich eine kleine Lücke bleibt. Von Gall hat seine Arbeit in den Jahren 2011 bis 2015 erstellt, geht jedoch nicht näher auf die Neufassung des Tierschutzgesetzes im Jahr 2013 ein. Doch eigentlich reicht die angebotene Heuristik, um zu aktuelleren Themen ein eigenes Urteil zu bilden.

Philipp von Gall: *Tierschutz als Agrarpolitik.*
Transcript. Bielefeld, Januar 2016, 314 S.
Taschenbuch 29,99 € (ISBN 978-3-8376-3399-3).

Diskurspanorama

Meret Fehlmann / Margot Michel / Rebecca Niederhauser (Hrsg.):
Tierisch! Das Tier und die Wissenschaft. Ein Streifzug durch die Disziplinen.
Rezensiert von Wolfgang Leyk

In der Verschriftung einer Ringvorlesung an der Universität Zürich sind hier in 14 Beiträgen Autor_innen versammelt, die eine eigene umfassende Forschungstätigkeit im Tierdiskurs nachweisen können. Die entstehende Vielzahl an Impulsen wird durch den sorgfältig gewählten Aufbau des Buchs strukturiert. Hans Joachim Glock hält den Tierbegriff so offen, dass er anschlussfähig bleibt für die Wissenschaften, die sich nicht nur mit dem Tier an sich, sondern der Mensch-Tier-Beziehung oder den spezifisch menschlichen Möglichkeiten im Umgang mit dem Thema beschäftigen. Marta Manser unterstützt diesen Ansatz mit Vergleichen aus der Verhaltensbiologie von Mensch und Tier. Bereits nach der Lektüre dieser ersten beiden Artikel zeichnet sich ein Argumentationsfaden dieser Sammlung ab. Im Tierdiskurs gewinnen Tier *und* Mensch Konturen. Nähe zum Tier macht bewusst für Unterschiede, die wiederum Chancen für Reflexion und Gestaltung bieten.

Dies ist sinnvoll, denn der Mensch geht vielfältig mit dem Tier um. Barbara Klein und später auch Carola Otterstedt berichten von wirklichen und künstlichen Tieren in der Therapie z. B. psychischer oder dementieller Erkrankungen. Wenn Tiere (real oder künstlich) zum Mittel für therapeutische Ziele werden, lässt sich Wesentliches zum Tier und zu seiner Wirkung auf den Menschen erfassen. Problematischer ist der Ausgangspunkt für den Beitrag von Herwig Grimm. Denn in der ökonomischen Verwendung werden Tiere zu ‚Sachen' und es erfolgt eine emotionale und kognitive Distanzierung des Menschen. Erst diese Verdinglichung ermöglicht die Verdrängung der Moral aus der ‚Tierwirtschaft' und öffnet die Tür für einen Gebrauch von Tieren, wie ihn Markus Wild beschreibt. Er macht sich auf die Spur des „Meat Paradoxe", jenem Geflecht aus Begründungen und oft widersprüchlichen Rechtfertigungen, die den Fleischkonsum betreffen. Rebecca Niederhauser verfolgt das Thema über Belege aus der Frühzeit des Vegetarismus in Zürich. Eindeutig profiliert sind die Beiträge dieses Sammelbands, aber sie blenden vielfältige Perspektiven nicht aus. Gieri Bolliger und Michelle Richner skizzieren positive rechtliche Ansätze für eine dem Tier zugewandte Tierschutzgesetzgebung. Hanno Würbel untersucht Tierversuche auf ihre Effektivität und Petra Mayr bietet hierzu ethische Reflexionen.

Diese Beiträge stützen die Argumentationslinie des Buchs, in der die verschiedenartigen Beiträge verbunden sind. Es werden zunehmend Unstimmigkeiten im Mensch-Tier-Verhältnis ausgemacht. Christoph Amman und Rainer Hagencord skizzieren biblisch-theologische Grundlagen für das Verständnis von Tieren. Selbst Theologe, erlaube ich mir die Bemerkung, dass diese Beiträge wichtige konzeptionelle Ressourcen benennen, aber auch deutlich wird, dass die Theologie im Tierdiskurs noch arbeiten muss, um ihre Anschlussfähigkeit an neue Sichtweisen und Methodologien der Human-Animal Studies zu erhöhen. Der Überblick über Ansätze der Tierforschung wird mit einem Blick auf Kultur und Politik beschlossen. Aline Steinbrecher und Roland Borgards sowie Mieke Roscher geben nicht nur Einblick in ihre Forschung, sondern zeigen auf, wie Geschichts- und Kulturwissenschaften den Tierdiskurs vervollständigen.

Dieser Sammelband ist mehr als ein oberflächlicher Streifzug durch die Wissenschaften. Die Beiträge versammeln interessante Einzelthemen und ermöglichen zugleich einen Blick auf die Fülle analytischer Perspektiven zum

Tierthema. Typisch für den neuen Ansatz der Tierwissenschaften ist, dass die Beiträge nicht nur in reflexiver Distanz das eigene Thema betreiben, sondern offen sind für die Frage, welche Folgen die eigenen Ergebnisse für den gesamten Diskurs und für das Tierwohl haben. Deshalb eignet sich der Band als Basis für den Einstieg in eine eigene Auseinandersetzung mit der Mensch-Tier-Beziehung, die im jetzigen Stand dringend einer Revision bedarf.

Meret Fehlmann / Margot Michel / Rebecca Niederhauser (Hrsg.):
Tierisch! Das Tier und die Wissenschaft. Ein Streifzug durch die Disziplinen.
vdf Hochschulverlag. Zürich, Januar 2016, 192 S.
Paperback 46,00 € (ISBN 978-3-7281-3596-8).

Sympathie für die manipulierte Natur

Frank Fehrenbach / Matthias Krüger (Hrsg.):
Der achte Tag. Naturbilder in der Kunst des 21. Jahrhunderts.
Rezensiert von Katja Kynast

Eduardo Kac steht Pate für diesen ersten Band einer Reihe „Naturbilder", herausgegeben von der gleichnamigen Forschergruppe an der Uni Hamburg. *The Eighth Day* (2001) ist Kac' transgenes Ökosystem respektive Kunstwerk betitelt, in dem er Chimären aus Mäusen, Fischen, Amöben, diversen Pflanzen und dem Quallenprotein GFP zeigt. GFP (grün fluoreszierendes Protein) gehört als Biomarker zur Standardmethode der Zellbiologie. Etwas wird sichtbar. Dies ist auch in Kac' künstlerischer Imitation des Verfahrens der Fall. Es werden hier jedoch keine Proteine lokalisiert, sondern vielmehr das Verfahren selbst und die Ubiquität seiner Kreaturen wahrnehmbar und diskutierbar gemacht. Und es stellt sich die Frage, wie wir uns zu diesen Verfahren und Lebewesen verhalten. Wie wir mit einer markierten, kontaminierten und versehrten Natur umgehen, ist auch Angelegenheit des vorliegenden Bandes. Welche Herangehensweisen sind vorstellbar, die eine nicht mehr als unberührt oder wild bestimmbare Natur nicht reflexhaft als technische Aufgabe begreifen, sondern eine dialogische Spannung erhalten, in der „Schonung, Respekt und Sympathie" (IX) eine Rolle spielen? Auf welche Weisen ist eine Bezugnahme auf die hervorbringenden Verfahren der Natur (*natura naturans*) und nicht nur auf die fertigen Produkte (*natura naturata*) möglich?
Das Buchcover zeigt kein Laborprodukt, keine Ikone der transgenen Kunst, keine lumineszierte Maus, sondern eine müde entschwindende Human – die Podenco-Hündin mit pink gefärbtem Bein aus Pierre Huyghes Installation *Untilled* (2012). Human wurde zur Ikone (oder zum Markenzeichen) der

dOCUMENTA (13), die das Interesse der zeitgenössischen Kunst an der Natur als inhaltlichem (und nicht mehr nur strukturellem) Bezugspunkt bündelte. Wie u. a. Juliane Rebentisch zeigte, sind in diesem gegenwärtigen Bezug Dichotomien bereits aufgebrochen und in der Tradition der Land Art rücken die Dialektiken und das Ineinander von Natur und Kultur in den Mittelpunkt. Gleichwohl stellt sich die Frage nach der Konjunktur der Natur in der Kunst der Gegenwart, gerade zu einer Zeit, in der der Begriff der Natur jede explikative Kraft verloren zu haben scheint. Der Band nimmt diese Frage als Ausgangspunkt exemplarischer Studien und theoretischer Reflexion. Auf welche Weisen und warum ist Natur ein Thema der Kunst?

Hartmut Böhme bereitet hier mögliche Antworten mit einem Durchgang durch sieben Bedeutungen der Formel „nach der Natur" vor. Womit Vorbildlichkeit und künstlerische Nachahmung ebenso gemeint sind wie temporale und epochale Verhältnisse, in denen Natur überwunden oder zerstört ist. Und er gibt mögliche Antworten, wenn er gegenwärtige künstlerische Positionen von James Turrell bis Maurizio Cattelan hinsichtlich ihrer Naturästhetiken befragt. Dieter Mersch untersucht, in welchem Verhältnis die Kunst zur technologisch strukturierten Kultur des 20. und 21. Jahrhundert steht. Der Klimawandel ist die Bedingung, unter der Matthias Krüger meteorologische und ästhetische Konzepte der Atmosphäre bespricht und Kata Krasznahorkai nachzeichnet, wie Bilder der Natur zu einer Frage der globalen Sicherheit wurden. Auch die Beiträge von Sabine Bartelsheim und Monika Wagner, die sich den (gesellschafts-)transformatorischen Praktiken des Gärtnerns widmen, berühren ethische und politische Fragen.

Der Band setzt sich so mit grundsätzlichen Verfasstheiten und Problemstellungen auseinander, die auch für die Human-Animal Studies relevant sind. Ausführlicher und explizit mit Tieren in der zeitgenössischen Kunst befassen sich die Beiträge von Jens Hauser und Petra Lange-Berndt. Hauser analysiert ausgehend von Kac die Adaption der Methoden der Lebenswissenschaften in der BioArt und sieht hierin nach dem Linguistic, Performative und Pictorial Turn den Epistemological Turn indiziert. Lange-Berndt diskutiert die Möglichkeiten einer parasitären Evolution am Beispiel von Tessa Farmers Taxidermien und Micro-Bricolagen und stellt den Chimären der Labore revoltierende Feen beiseite.

Frank Fehrenbach / Matthias Krüger (Hrsg.):
Der achte Tag. Naturbilder in der Kunst des 21. Jahrhunderts.
De Gruyter. Berlin / Boston, September 2016, XII, 238 S.
Gebunden 49,95 € (ISBN 978-3-11-037444-5).

Abbildungsverzeichnis

Miriam Hoffmann / Susanne Schwertfeger: Die Fliege an der Wand

Abb. 1: Maerten van Heemskerck: *Der Heilige Lukas mal die Madonna*, 1532. Öl auf Leinwand, 168 x 235 cm. Frans-Hals-Museum Haarlem. © Frans-Hals-Museum Haarlem.

Abb. 2: Detail aus Abb. 1: Maerten van Heemskerck: *Der Heilige Lukas mal die Madonna*, 1532. Öl auf Leinwand, 168 x 235 cm. Frans-Hals-Museum Haarlem. © Frans-Hals-Museum Haarlem.

Abb. 3: Werkgruppe sog. B-Maler Bernt Notkes: *Hochaltarretabel*, um 1470/80, Detail der 2. Ansicht mit *Gregorsmesse*. Öl auf Holz, 170 x 169,5 x 18 cm. Kirche in Boglösa (Schweden). © Volker Hoffmann, Neumünster.

Linda Keck: Zwei Fliegen

Abb. 1: Ambrosius Bosschaert der Jüngere: *Stillleben mit Früchten auf einem Zinnteller, einem Römer, einer Melone und einem Grashüpfer auf einem Tisch*, um 1635, unten rechts signiert: „A. Bosschaert. Fecit". Öl auf Holz, 46 x 55,5 cm. © Koller Auktionen AG, Zürich.

Gabriele Brandstetter: Animal Dances

Abb. 1: Xavier Le Roy: *Low Pieces* (2011–2012). Foto & © Vincent Cavaroc.

Abb. 2: Antonia Baehr: *Abecedarium Bestiarium* (2013). Foto & © Anja Weber.

Franziska Winter: Drei Elche für ein Diorama

Abb. 1: Diorama *Moose in Combat*. Foto: Roderick Mickens. © American Museum of Natural History, 2012.

Abb. 2: Theodore Roosevelt mit einem erlegten Elefanten in Afrika, um 1909. Foto: Edward van Altena. Quelle: United States Library of Congress: Prints and Photographs Division (ID cph.3c31443).

Abb. 3: Louis De Belle: Foto aus der Serie *Failed Dioramas* (2015). © Louis De Belle, 2015.

Olivier Richon: *ANIMA(L)*. AFTER J. B S. CHARDIN
Colour analogue photographs, 90 x 120 cm each.
© Olivier Richon and Ibid Gallery, Los Angeles.

Nicky Coutts: *Mimics 1* (2015)
© Nicky Coutts, 2015.

Call for Papers

Tierstudien 13, April 2018
Herausgegeben von Jessica Ullrich

Das Verständnis von Ökologie hat sich in den letzten Jahrzehnten stark verändert. Auch wenn Ökologie als Denkfigur noch nicht alt ist, hat es sich schon jetzt als besonders dynamisches und historisch wandelbares Konstrukt erwiesen, das derzeit in den Wissenschaften Konjunktur hat.

Die Environmental Humanities etwa sehen ihre Aufgabe darin, kulturwissenschaftliche Perspektiven auf Ursachen, Folgen und Erzählungen der gegenwärtigen ökologischen Krise aufzuarbeiten. So hat sich beispielsweise in den Literaturwissenschaften mit der Ecocriticism eine Denktradition umweltkritischer Interpretation gebildet, und auch in den Medien- und Filmwissenschaften haben sich mit der Medienökologie oder dem Ecocinema neue Analysemethoden und Gegenstandsbereiche entwickelt.

Die Animal Studies untersuchen hingegen u. a. die Rolle der Tiere bei der anthropologischen Selbstverortung des Menschen sowie die kulturelle Bedeutung der Tiere in einer mit dem Menschen geteilten Umwelt. Gemeinsam ist den Forschungsrichtungen ihre Anthropozentrismuskritik und die grundsätzliche Sorge um das nichtmenschliche Andere. So hat sich z. B. die Tiefenökologie längst von der Vorstellung verabschiedet, dass der Mensch allein zentrale Instanz einer (Neu-)Gestaltung und (Neu-)Bewertung der Umwelt ist.

In der nächsten Ausgabe von *Tierstudien* soll es also um die naheliegende Verbindung von Ökologie- und Tierfragen gehen. Während die Animal Studies eher individuelle Tiere im Blick haben, fokussieren die verschiedenen akademischen (und aktivistischen) Ökologiebewegungen eher Ökosysteme. Zwar ist den Animal Studies und den Environmental Studies eine Ethik der Verantwortlichkeit gemeinsam, doch bezieht die Ökologiebewegung viele nicht-tierliche Entitäten in die Berücksichtigung ein, so dass es zuweilen zu Kollisionen zwischen Umweltschutz und Tierschutz oder Artenschutz kommen kann, aber auch zu fruchtbaren Begegnungsfeldern und Multispezies-Gemeinschaften.

Um Ökologie und Animal Studies zusammenzubringen, liegen inhaltlich Themen nahe wie: die Bedeutung von Habitaten und deren Gefährdung, Artenschwund bzw. Artensterben, Biodiversität, Nachhaltigkeit und Klimawandel. Es könnte in den Beiträgen für die kommende Ausgabe von *Tierstudien* z. B. darum gehen, wie das Zusammenleben mit Tieren und anderen Nicht-Menschen in Zeiten ökologischer Krisen und geopolitischer Konflikte gestaltet werden kann bzw. welche Narrationen dazu entwickelt werden. Es könnte danach gefragt werden, wie unter ökologischen Gesichtspunkten Beziehungen zu Tieren aufgebaut und unterhalten werden bzw. welche gegenseitigen Abhängigkeiten bestehen.

Weiterhin interessieren konkrete Fallbeispiele, in denen die Rolle von Tieren für die Aufrechterhaltung eines ökologischen Gleichgewichts deutlich wird, oder Studien zu den unterschiedlichen Vorstellungen von Tieren im sogenannten Anthropozän. Auch könnten innovative ökologische Projekte, die sich dem Schutz von bestimmten Spezies innerhalb ihres Ökosystems verschrieben haben Gegenstand von Beiträgen sein, genauso wie ökologische Artefakte des spekulativen Designs oder nachhaltige soziale Praktiken, die Tiere in den Blick nehmen. Auch suchen wir nach Studien der ökologischen Folgen von Auswilderungsprogrammen oder des tierinvolvierenden Ökotourismus.

Beiträge können sich mit konkreten Auswirkungen von Umweltverschmutzung auf Tiere ebenso beschäftigen wie mit Erzählungen von utopischen oder dystopischen Ökosystemen. Ein anderes Themenfeld wäre die Reflektion darüber, welches Verständnis von Tieren den unterschiedlichen Umweltgruppierungen wie etwa der Environmental Justice-Bewegung zugrunde liegt und mit welchen rhetorischen oder formalen Effekten Tiere in verschiedenen Umweltdebatten als Akteure oder Objekte charakterisiert werden.

Weiterhin können wissenschaftshistorische Beiträge zur Umwertung und Neufassung des Ökologie-Begriffs bzw. seiner Rhetorik und Historizität eingereicht werden. Seit Ernst Haeckels Definition von 1866, nach der Ökologie schlicht die Wechselwirkungen zwischen Lebewesen untereinander und ihrer Umwelt meint, hat der Terminus vielfältige Um- und Neudeutungen erfahren. Gregory Bateson, Félix Guattari, Philipp Descola, Jane Bennett, Rosi Braidotti oder Timothy Morton diskutieren Ökologie nicht einfach als Teilgebiet der Biologie, im Rahmen einer natürlichen Umwelt oder gar im Hinblick auf bloße Konservierung eines scheinbar intakten früheren Zustands, sondern untersuchen Ökologie in ihren komplexen Relationen von Biologie und

Technik sowie hinsichtlich sozialer, politischer oder mentaler Konnotationen und Verflechtungen. So ist aktuell gar die Rede von einer „Ökologie ohne Natur", von *queer ecology* oder *hybrid ecology*.
Gegenstand der Beiträge für *Tierstudien* können daher auch Texte, Kunstwerke, Praktiken oder Theorien sein, die sich repräsentativ, konzeptuell oder materiell mit diesen neuen Ökologiediskursen unter besonderer Berücksichtigung der Tiere auseinandersetzen. Sie können z. B. danach fragen, welches Tierbild sich in den unterschiedlichen ökologischen Konzepten manifestiert und wie sich die Vorstellungen von Tieren durch ökophilosophische Theorien verändert haben. Weiterhin könnten sich Beiträge mit den terminologischen Unterscheidungen oder praktischen Überschneidungen von ‚Umwelt' (z. B. in der Definition von Jakob von Uexküll oder als systemtheoretischer Begriff) und ‚Ökologie' beschäftigen.
Wir suchen nach Beiträgen aus dem Bereich der Environmental Humanities, des Ecocriticism, der Eco Art bzw. Environmental Art, des Ecocinemas, der Medienökologie, der Biosemiotik, des New Materialism und verwandten Feldern. Aber auch aus anderen, hier nicht aufgeführten Forschungsgebieten sind Beiträge zum Themenkomplex „Tiere und Ökologie" willkommen.

Abstracts von höchstens 2.000 Zeichen senden Sie bitte bis zum 1. August 2017 an jessica.ullrich@neofelis-verlag.de. Die fertigen Texte dürfen eine Länge von bis zu 25.000 Zeichen umfassen (inklusive Leerzeichen und Fußnoten) und müssen bis zum 1. November 2017 abgegeben werden. Danach gehen sie zur Peer Review an den wissenschaftlichen Beirat von *Tierstudien*, der über die Aufnahme des Beitrags entscheidet. Erscheinungsdatum für die angenommenen Texte ist Anfang April 2018.

Tierstudien

hrsg. von Jessica Ullrich

Bisher erschienen
01/2012 – *Animalität und Ästhetik*
02/2012 – *Tiere auf Reisen*
03/2013 – *Tierliebe* (hrsg. zus. mit Friedrich Weltzien)
04/2013 – *Metamorphosen* (hrsg. zus. mit Antonia Ulrich)
05/2014 – *Tiere und Tod* (hrsg. zus. mit Antonia Ulrich)
06/2014 – *Tiere und Raum*
07/2015 – *Zoo*
08/2015 – *Wild*
09/2016 – *Tiere und Unterhaltung* (hrsg. zus. mit Aline Steinbrecher)
10/2016 – *Experiment*
11/2017 – *Mimesis – Mimikry – Mimese* (hrsg. zus. mit Antonia Ulrich)

In Planung
12/2017 – *Tiere und Krieg* (hrsg. zus. mit Mieke Roscher)
13/2018 – *Ökologie*
14/2018 – *Krank* (hrsg. zus. mit Kerstin Weich)
15/2019 – *Tiere erzählen* (hrsg. zus. mit Alexandra Böhm)